Harriet Bruce-Annan

AFRICAN ANGEL

HARRIET BRUCE-ANNAN

AFRICAN ANGEL

MIT 50 CENT DIE WELT VERÄNDERN

Aufgezeichnet von Beate Rygiert

GUSTAV LÜBBE VERLAG

Dieses Buch beruht auf Tatsachen. Einige Namen, Orte und Details wurden verändert zum Schutz der Rechte der Personen.

luebbe in der Verlagsgruppe Lübbe
Originalausgabe

Copyright © 2009 by Verlagsgruppe Lübbe GmbH & Co. KG,
Bergisch Gladbach
Konzeption und Realisation: Ariadne-Buch, Christine Proske
Lektorat: Susanne Haffner
Textredaktion: Sarah Schönfelder, München
Fotos: privat, außer: Umschlagmotiv
Umschlaggestaltung: Christin Wilhelm
Umschlagfoto: © Michael Gottschalk/dfd-images
Vorsatzfoto: unten v.l.n.r.: Racheal, Gabriel, Deborah, Ashaley
oben v.l.n.r.: Georg, Niccomena, darüber Abraham, Dorcas
Satz: Dörlemann Satz, Lemförde
Gesetzt aus der Weiss Antiqua
Druck und Einband: Friedrich Pustet, Regensburg

Printed in Germany
ISBN 978-3-7857-2384-5

5 4 3 2 1

Sie finden uns im Internet unter: www.luebbe.de
Bitte beachten Sie auch: www.lesejury.de

INHALT

I. PROLOG

Mit einem Klirren fällt die Münze in den Teller. Ich bedanke mich. Die Frau wendet sich zum Gehen, da fällt ihr Blick auf das Plakat hinter mir. Sie stutzt. Dann sieht sie mich zum ersten Mal richtig an.

»Ach, Sie sind das?! Ich kenne Sie doch aus dem Fernsehen!«

Und schon sind wir im Gespräch. Wie toll sie das findet, was ich mache, sagt sie mir. Und ob ihre 50 Cent wirklich diesen armen Kindern in Ghana zugutekommen, will sie wissen. Sie nimmt einen Flyer mit. Vielleicht wird sie eine Patenschaft übernehmen. Sie will es sich überlegen.

Sie ist schon draußen, als sie noch einmal stehen bleibt und zurückschaut. Unsere Blicke kreuzen sich nur für einen Moment. Und auf einmal habe ich ein Déjà-vu-Erlebnis – eine Szene aus längst vergessenen Zeiten. Damals war ich diejenige, die auf der anderen Seite der Türschwelle stand.

Diesen Augenblick werde ich niemals vergessen. Es war eine von jenen Begebenheiten, wie man sie tausendfach erlebt. Ich hatte ihr keinerlei Bedeutung beigemessen. Wie hätte ich auch ahnen können, dass sie wie eine Prophezeiung das vorausnahm, was ich wenig später selbst erleben sollte?

Ich war Mitte 20, eben erst in Deutschland angekommen und stand im doppelten Sinn an einer Schwelle. Tatsächlich stand ich vor einer Düsseldorfer Flughafentoilette und erblickte durch die offene Tür eine junge Frau ganz in Weiß, die dort ihrer Arbeit nachging. Sie hatte sich gerade aufgerichtet und schaute zu uns herüber. Unsere Augen begegneten sich nur ganz kurz.

»So ein schönes Mädchen!«, sagte der Mann an meiner Seite. »Und sie muss hier die Toiletten putzen!«

Ich weiß nicht, warum er mir das sagte. Warum er mich auf sie aufmerksam machte. Ich sah hin, sah über diese Schwelle, sah das Mädchen. Was für ein Schicksal, dachte ich. Denn in Afrika ist jemand, der Toiletten sauber machen muss, am Ende der sozialen Leiter angekommen, tiefer geht es nicht.

Ich wischte den Gedanken beiseite, wandte mich ab und ging weiter, in meinen eleganten Stöckelschuhen und dem ärmellosen Leinenkleid. Es war Winter in Deutschland. Ich wusste nicht, was das bedeutete. So wie ich auch nicht wusste, was mich hier erwarten würde – an welchem Scheideweg sich mein Leben befand. Ich konnte lediglich sagen, was hinter mir lag. In meiner Heimatstadt Accra in Ghana hatte ich in einer seriösen Straßenbaufirma eine gut bezahlte Position als Computerprogrammiererin mit glänzenden Aufstiegsmöglichkeiten innegehabt. Ich hatte die Stelle gekündigt – für eine vermeintlich bessere Zukunft in Europa, von der mich mein Mann nach vielen hartnäckig geführten Diskussionen überzeugt hatte. Ich war bereit gewesen, viel aufzugeben, nun freute ich mich auf den Neuanfang.

Damals überschritt ich an der Seite meiner einzigen großen Liebe selbstbewusst und stolz die Schwelle, die mein vergangenes Leben in Ghana von meiner Zukunft in Deutschland trennte. Ich war neugierig auf das, was kommen würde. Schon bald hatte ich die schöne Toilettenfrau vergessen; ihr Bild verblasste. Erst später, als alles so vollkommen anders gekommen war, als ich es mir vorgestellt hatte, als auch ich am absoluten Tiefpunkt meines Lebens angelangt war, habe ich mich an die Szene am Düsseldorfer Flughafen und an die Worte meines Mannes erinnert: »So ein schönes Mädchen! Und sie muss hier die Toiletten putzen!« Hatte er mich warnen wollen? Hatte er eine Drohung ausgesprochen? Oder ist letztlich auch er nur das Werkzeug einer höheren Macht gewesen, das dabei geholfen hat, mein Schicksal zu erfüllen?

Ich werde es nie erfahren. Es ist auch nicht mehr wichtig. Mittlerweile habe ich gelernt, mein Schicksal anzunehmen. Alles musste so kommen, wie es kam; ich wäre heute nicht die, die ich bin, hätte ich damals nicht diese Schwelle überschritten. *African Angel* wäre nie gegründet worden, wäre ich nicht durch die Hölle gegangen. Und wer würde dann den Kindern in Bukom helfen, sie aus ihrem Elend herausholen und ihnen die Chance auf eine aussichtsreiche Zukunft geben? Alles hatte seinen Sinn – ich bereue nichts.

Und dennoch denke ich manchmal voller Wehmut und Zärtlichkeit an die unbekümmerte junge Frau zurück, die ich damals war. Noch heute steigen mir Tränen in die Augen, wenn ich mir die Vorfreude ins Gedächtnis rufe, die mich erfüllte. Ich hatte mir die Zukunft bereits in den schönsten Farben ausgemalt: Mein Studium würde mir ermöglichen, als Systemanalytikerin zu arbeiten. Der Mann an meiner Seite war meine große Liebe, wir waren schon seit vielen Jahren ein Paar und seit Kurzem verheiratet. Wie hätte ich ahnen können, dass ausgerechnet er meine Hoffnungen und Träume in nur wenigen Wochen in einen Scherbenhaufen verwandeln würde?

Voller Zuversicht trat ich hinaus in den Düsseldorfer Winter. Ich fror in meinem leichten Kleid, einen Mantel hatte ich nicht, so etwas braucht man in Accra das ganze Jahr über nicht. Die Straßen waren voller Schneematsch, auf dem ich ausrutschte. Ich lachte und suchte am Arm meines Mannes Halt, bis wir das »Hotel Manhattan« erreichten. Noch hielt ich alles für einen großen Spaß. Es sollte nicht lange dauern, bis ich eines Besseren belehrt wurde.

II. PRINZESSIN ZWEIER WELTEN

EIN KONFLIKTREICHES ERBE

Es scheint mein Schicksal, immer wie auf Messers Schneide zu leben. Grenzgängerin zu sein zwischen der einen und der anderen Welt. Inzwischen lebe ich seit fast 20 Jahren in Deutschland, und doch bleibe ich in den Augen der Deutschen immer eine Afrikanerin. In Ghana wiederum erkennt man in mir auf den ersten Blick die Europäerin. Ich habe einen deutschen Pass und darin ein Dauervisum für Ghana. Meine ghanaischen Bauarbeiter stöhnen über die deutsche Qualitätsarbeit, die ich ihnen abverlange. Bin ich in Ghana, sehne ich mich nach Deutschland, bin ich in Deutschland, ist mein Herz bei »meinen« Kindern in Accra. Ich liebe Rotkraut mit Knödel und das deutsche Bier und vermisse doch *Fufu* mit Suppe aus Palmnüssen, gegrillten Tilapia mit *Banku*. So lebe ich, ein Bein in Europa und das zweite in Afrika, in einem Spagat, den ich liebe und der mir mitunter auch die Kraft raubt. Und dennoch: Es ist mein Schicksal, ich will es anders nicht haben und danke Gott jeden Tag aufs Neue dafür, dass ich in beiden Welten leben und wirken darf.

Ghana ist ein Land, in dem die verschiedenen ethnischen Gruppen seit vielen Jahrzehnten in Frieden miteinander leben. Dennoch liegen die kulturellen Unterschiede zwischen den einzelnen Stämmen klar auf der Hand. In meinem Heimatland gibt es mehr als 46 Sprachen, und damit meine ich nicht Dialekte, sondern wirklich eigenständige Sprachen mit eigener Grammatik und eigenem Vokabular – Sprachen, die man lernen muss, will man einander verstehen.

Meine Mutter ist eine *Ga* und mein Vater ein *Ashanti*. Das bedeutet, dass ich mit zwei verschiedenen Sprachen aufgewachsen bin; mit der Muttersprache *Ga* und der Vatersprache *Twi*. Eine Ehe zwischen diesen beiden Volksstämmen ist keine Ausnahme, doch muss man mit entscheidenden traditionellen Unterschieden leben. So verläuft etwa im Gegensatz zu den *Ga* die Vererbung bei den *Ashanti* über die Mutterlinie. In der Familie meines Vaters war daher meine Tante Oforiwaa die wichtigste Person. Ihre Kinder standen meinem Vater näher und hatten mehr Rechte über ihn, als meine Schwestern und ich, seine leiblichen Töchter. Das war von Anfang an ein großer Schmerz für mich. Schließlich hatten meine Tante und deren Familie nicht nur legitimen Zugriff auf das Vermögen meines Vaters, sondern standen auch seinem Herzen am nächsten.

Diese Zustände erbitterten meine Mutter, eine tüchtige und selbstbewusste Frau, die ihr eigenes Geld verdiente und sich von der mächtigen Ashanti-Schwägerin nicht so ohne Weiteres unterbuttern ließ. So hat es immer schon eine feine Trennungslinie gegeben, die mitten durch unsere ansonsten glückliche Familie lief. Brachte uns Tante Oforiwaa, die etwas außerhalb Accras auf dem Land lebte, Mangos aus ihrem Garten mit, dann durften wir die nicht essen. Meine Mutter verschenkte sie lieber, als dass sie uns Früchte aus der Hand dieser Rivalin essen ließ. Von klein auf hat sie uns gegen die Familie unseres Vaters eingenommen und erst vor ein paar Jahren, während eines Besuchs mit einem deutschen Freund in der Heimat meines Vaters, wurde mir bewusst, wie sie mich ein Leben lang in meiner Meinung beeinflusst hatte.

Mein Vater kam aus einer Gegend nordwestlich von Kumasi, die voller Reichtümer und für die Goldschätze der Ashanti bekannt ist; auch seine Familie besitzt dort Goldminen. Agogo-

Hwidiem, das Dorf meiner Vorfahren, ist wunderschön gelegen, ein malerischer Wasserfall fließt dort mitten durch die Gemeinde. Die Menschen leben in gediegenem Wohlstand, es gibt keine Straßenkinder, alle gehen zur Schule. Die Ashanti gelten als gläubig, ehrgeizig und fleißig, weshalb sie im Leben meist erfolgreich sind. Auch mein Vater besaß diese Eigenschaften und hat sie an mich weitergegeben.

Die Familie meines Vaters entstammte einer vornehmen Königslinie der Ashanti. Anfang des 20. Jahrhunderts sollte mein Großvater König werden, doch da an diesem Amt von jeher Blut klebte, wollte er es nicht annehmen. Nun kann man die Königswürden bei den Ashanti nicht einfach ablehnen, weshalb er sich gemeinsam mit Bruder und Schwester zur Flucht entschloss. Das Mädchen kam dabei zu Tode, doch die beiden Brüder fanden schließlich in einem Dorf in der Nähe von Accra eine zweite Heimat, kauften Land und machten gute Geschäfte. Sie gründeten Familien und mehrten ihren Reichtum. Alles schien in bester Ordnung, bis viele Jahre später mein Großvater von seinem eigenen Bruder vergiftet wurde – angeblich aus Neid, weil dieser finanziell nicht mehr mithalten konnte. Mein Großonkel nahm das gesamte Familienvermögen an sich, sodass meine Großmutter samt meinem Vater und seinen Geschwistern auf einmal arm waren. Zu arm sogar, um die Schulgebühren aufbringen zu können.

Damals demonstrierte meine Tante Oforiwaa Stärke, denn jung, wie sie war, ging sie arbeiten, um ihren Brüdern wenigstens die Haupt- und Mittelschule finanzieren zu können. Aus diesem Grund hat mein Vater diese Schwester zeitlebens in Ehren gehalten und im Ernstfall eher ihr gehorcht, als sich den Wünschen meiner Mutter zu fügen. Bis diese Spannungen eines Tages dazu führen sollten, dass der feine Riss, der von Anfang an da gewesen war, größer wurde und unsere Familie schließlich auseinanderbrach. Doch das war viel später. Meine lebhafte und leidenschaftliche Mutter liebte ihren schweigsamen und stolzen Ashanti-Gatten. Und mein Vater liebte die temperamentvolle

Antonia vom Stamm der Ga. In dieses Spannungsfeld wurde ich hineingeboren. Temperament und Geschäftssinn erbte ich von meiner Mutter, den zähen Ehrgeiz und das Durchhaltevermögen von meinem Vater.

ZWISCHEN VOODOO-HEILERN UND GESUNDBETERN

Als ich am 19. Dezember 1965 auf die Welt kam, war meine Schwester Emily zwei Jahre alt. Meine Familie glaubte nicht, dass ich lange leben würde, denn ich war von einer seltsamen Krankheit befallen, die unerklärlich und unheilbar zu sein schien. Nahm man mich morgens auf den Arm, dann blieb in der Wiege meine Haut zurück. Ich war ein zierliches und schönes Kleinkind und alle nannten mich nur »Puppe«. Doch dass »Puppe« das Erwachsenenalter erreichen würde, damit rechnete niemand.

Ich erlebte Phasen der Gesundung, doch immer wieder ging das Ganze von vorne los. In einer frühen Erinnerung sehe ich mich in meinem Bettchen sitzen und mit meinen Haaren spielen, die mir dabei büschelweise ausfielen. Ich konnte sie einfach vom Kopf abziehen und hielt sie dann staunend in Händen. Niemand traute sich so recht, mich anzufassen. Es dauerte immer lange, bis mir Haut und Haare nachgewachsen waren.

Aus diesem Grund hat man mich nach Strich und Faden verwöhnt – ich bekam einfach alles, was ich wollte. Ich konnte stundenlang weinen, sollte mir jemand doch einmal einen Wunsch verwehren. Sie wird ja eh nicht alt, meinten die Großen und behandelten mich wie eine Prinzessin. Besonders meine Oma mütterlicherseits hatte mich fest in ihr Herz geschlossen. Und da meine Mutter eine Makola-Marktfrau war und täglich ihren Geschäften nachging, brachte sie mich sofort zu meiner Oma, wenn meine Krankheit erneut ausbrach.

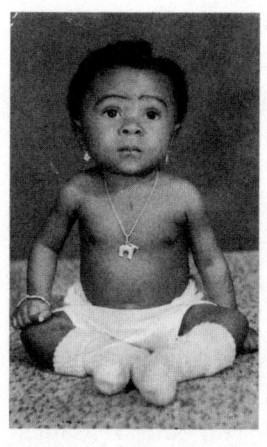

»Hier«, rief meine Mutter dann außer Atem, »nimm sie. Ich kann das nicht mit ansehen.«

So tüchtig sie auch sonst war, mit meiner Krankheit konnte sie einfach nicht umgehen. Meine Großmutter schon. So wurde ich ein richtiges Oma-Kind.

Meine Oma wohnte in Bukom, das ist die ärmste Gegend von ganz Accra. Ja, eigentlich ist es ein Slum. Sie hatte neun Kinder geboren und einige von ihnen auf ihre Verwandtschaft verteilt. Das ist in Ghana so üblich: In dem Bestreben, ihren Kindern eine gute Zukunft zu ermöglichen, versuchen die Mütter, ihre Sprösslinge bei besser gestellten Verwandten unterzubringen. Diese nehmen in der Regel gerne eine Nichte oder einen Neffen auf und bieten ihre Hilfe häufig sogar ungefragt an.

So kam es, dass meine Mutter selbst nicht in Bukom aufwuchs, sondern bei der Cousine ihrer Mutter im vornehmen Stadtteil Adabraka. Dort half sie in der Familienbäckerei mit und lernte ihren Mann, meinen Vater, kennen, der eines Tages kam, um bei ihr Brot einzukaufen. Diese Tante hatte meine Mutter zwar bei sich aufgenommen, finanzierte ihr allerdings keine Schulausbildung, was sehr schade ist, denn meine Mutter ist eine unglaublich intelligente Frau. Selbst als Analphabetin wurde sie zu einer der wichtigsten Makola-Frauen und ich frage mich, was aus ihr geworden wäre, hätte sie die Schule besuchen dürfen. Die leiblichen Kinder der Tante gingen alle zur Schule, sollten aber später nicht annähernd so erfolgreich sein wie die »arme Cousine«.

Solange sie konnte, unterstützte meine Mutter diese Verwandten finanziell und gab so zurück, was die Tante an ihr Gutes vollbracht hatte. Denn wenn sie auch nicht die Schule besuchen durfte, so war meiner Mutter mit dem Umzug zu den reichen Verwandten doch der Sprung aus der Armut in die Mittelklasse Accras gelungen. Wäre meine Mutter in Bukom geblieben, hätte mein Vater sie niemals geheiratet – wahrscheinlich wären sie sich nicht einmal begegnet.

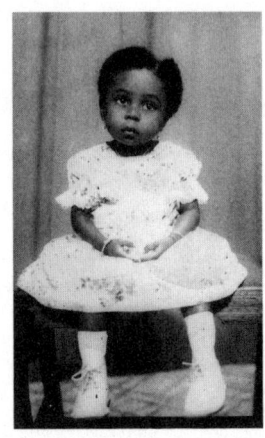

Meine Oma dagegen wohnte nach wie vor in diesem Armenviertel, und da sie sich rührend um mich, das kranke »Püppchen«, kümmerte, habe ich dort viel Zeit verbracht.

Ich kann mich gut daran erinnern, wie ich in Omas Zimmer saß und aus dem Fenster sah. Fassungslos, dass die Kinder dort draußen auf der blanken Erde schlafen mussten. Dass sie nur Fetzen auf dem Leib trugen und kaum etwas zu essen bekamen.

Einen direkten Kontakt zu diesen Bukom-Kindern hatte ich außerhalb des engen Bereichs, in dem meine Großmutter wohnte, damals kaum. Ich war krank und Oma hütete mich wie ihren Augapfel. Außerdem gab es genug Cousinen und Cousins, die mit mir spielten und dabei Rücksicht auf die »arme kranke Puppe« nahmen. Sie waren längst nicht so aggressiv wie die Kinder, die ich durchs Fenster beobachtete. Doch sosehr wir uns auch voneinander unterschieden, so obszön und derb ihre Sprache auch war, sie faszinierten mich und ich empfand Mitleid: Wie ungerecht, dass es mir gut ging und ihnen nicht. Dieses Gefühl der Ungerechtigkeit bohrte sich bereits in meiner Kindheit tief in mein Innerstes.

Immer wenn ich nach Bukom kam, ging meine Oma als Erstes mit mir einkaufen.

»Komm«, sagte sie und reichte mir einen kleinen Korb, »wir gehen zum Markt! Und dann koch ich dir eine feine Suppe!«

Den Korb musste ich auf dem Kopf tragen. Wie ich das hasste! Aber bei meiner Oma machte ich es ohne Widerrede. Und so gin-

gen wir gemeinsam auf den Markt, um die Zutaten für das Spezialgericht zu kaufen, das sie immer für mich kochte.

Leider kann ich mich nicht an die Zutaten erinnern. Bis heute bin ich nicht in der Lage, mir dieses Gericht selbst zu kochen, auch meine Mutter kann das nicht. Und dabei habe ich es so gerne gegessen. Es war irgendein Gemüse sowie ein seltenes grünes Kraut mit vielen kleinen Blättchen. Und Muscheln. Bukom liegt direkt am Meer; Fisch und alle Arten von Meerestieren sind daher reichlich vorhanden.

Nach dem Einkauf machte sich meine Großmutter direkt ans Kochen. Den Geschmack dieser Suppe habe ich noch heute auf der Zunge, wenn ich an damals denke. Offenbar glaubte meine Oma, dass mich dieses Gericht heilen und mir Kraft verleihen würde, zumindest bereitete sie es immer dann zu, wenn ich zu Besuch kam. Meine Großmutter hatte viele Enkelkinder. Aber auf den Markt nahm sie nur mich mit.

Einmal, ich war noch ziemlich klein, hatte ich mir den Zorn meiner Oma zugezogen. Sie kochte einmal wieder für alle ihre Enkelkinder. Es gab eine Suppe mit verschiedenen Sorten Fisch, wie wir sie in Ghana mögen. Als Beilage isst man dazu entweder *Banku*, das ist ein zäher Breikloß aus fermentiertem Maismehl, mit – wenn man es sich leisten kann – ein wenig Maniok darin. Oder es gibt *Fufu*, einen leckeren Brei aus gestoßenem Maniok und Kochbanane. Die Zubereitung von *Fufu* braucht Stunden, denn zuerst muss der gegarte Maniok und danach die Kochbanane in einem Holzbottich mit einem enormen Stößel feingestampft und anschließend beides miteinander vermischt werden. Da die Zutaten nicht ganz billig sind, gibt es *Fufu* nur zu besonderen Gelegenheiten.

In Ghana essen wir mit der Hand, und zwar mit der rechten. Man formt mit den Fingern aus dem klebrigen Brei jeweils kleine Kugeln und tunkt sie in die Suppe. Meine Besucher von *African Angel* aus Deutschland machen zuerst immer große Augen, aber für uns ist es überhaupt kein Problem, selbst Suppe mit der Hand zu essen. Natürlich ohne uns zu bekleckern. Wir Afrikaner machen uns einen Spaß daraus, unsere europäischen Gäste dabei zu beobachten, wie sie tapfer versuchen, es uns gleichzutun.

An jenem Tag also hatte meine Oma – wie immer – ganz besonders viel Fisch in meine Schale gelegt. Sie verwöhnte mich über die Maßen, was ihre übrigen Enkel mit Gelassenheit hinnahmen, denn schließlich war ich krank. Dieses Mal aber zeigte ich mich von meiner besonders vorwitzigen Seite.

»Mal sehen, was es heute gibt«, sagte ich und untersuchte den Inhalt meines Tellerchens. Ich fand von jeder Sorte Fisch immer den besten Happen und wies die anderen Kinder stolz darauf hin: »Seht nur, was ich alles habe!« Da wurde Oma zornig.

»Bist du wohl still«, rief sie wütend, »du freches Gör?«

Aber ich dachte nicht daran.

»Und diese Muscheln … gleich drei Stück! Schaut nur, wie dick die sind …«

So ging das weiter, bis meine Oma die Suppenkelle nach mir warf. Da erst wurde mir bewusst, welchen Unterschied sie alle für mich machten und wie überaus taktlos ich mich verhalten hatte.

In Bukom habe ich gelernt, unter welch schwierigen Bedingungen manche Kinder heranwachsen und wie man als Erwachsener hier leben und täglich mit vielen Einschränkungen klarkommen muss. Zuhause hatten wir ganz selbstverständlich ein Badezimmer und eine Toilette. Im Slum mussten wir zur nächsten öffentlichen Toilette zuerst einen Fußweg zurücklegen und unter

Umständen in einer langen Reihe darauf warten, dass wir drankamen. Zwischen den einzelnen Latrinen gibt es nach wie vor keine Trennwände, man hockt sich nebeneinander und findet das ganz normal. Auch private Duschen waren und sind in Bukom nicht zu finden. Öffentliche Waschbereiche, nach Männern und Frauen getrennt, sind heute noch üblich, auch ich habe sie an den Wochenenden gemeinsam mit meiner Oma besucht.

Niemals werde ich den Anblick der vielen Frauen in den Waschbereichen vergessen, wie sie geduldig warten, bis sie dran sind. Es gibt keine abgeschlossenen Duschkabinen, keine Haken oder eine andere Aufbewahrungsmöglichkeit für die Kleider. Kommen sie also an die Reihe, legen die Frauen das Tuch, das sie um sich geschlungen haben, auf ein paar Steinen ab und gehen nackt zum Duschen. Dieses Bild hat sich mir für immer eingeprägt: Mit welcher Würde es sich diese Frauen auch unter den schlimmsten Bedingungen nicht nehmen lassen, gründliche Morgentoilette zu betreiben, ihre Kinder von Kopf bis Fuß einzuseifen und ihre Kleider sorgfältig mit der Hand auszuwaschen.

Ich dagegen kam aus einer anderen Welt nach Bukom, hatte hübsche bunte Kleidchen an, Schuhe an den Füßen und zuhause jede Menge Spielzeug. Während die Nachbarskinder gar nichts besaßen. Wenn ich bei meiner Oma war, wo es bis heute für die ganze Familie nur ein einziges Bett gibt, schlief ich, die Prinzessin, nie auf dem Boden. Schließlich war ich krank.

Aber ich sah den Unterschied und machte mir viele Gedanken, über die ich damals nicht gesprochen habe. Vielleicht ahnte ich, was meine Mutter geantwortet hätte. Ihrer Meinung nach griff sie der armen Verwandtschaft in Bukom bereits mehr als genug unter die Arme. Meine Schwester Emily hatte für so etwas keinen Kopf und in Bukom sah man sie eh so gut wie nie.

Die jüngste Schwester meiner Mutter, Mama Patience, die mit uns in Adabraka wohnte und heute für das Kinderhaus von *African Angel* ein wahrer Engel ist, erzählte mir neulich ein paar

Geschichten aus unserer gemeinsamen Kindheit. Anekdoten, die ich selbst ganz vergessen hatte: Schon immer ist es für mich das Schönste gewesen, Kleider, Spielzeug und Süßigkeiten mit den Kindern aus Bukom zu teilen. In einem kleinen Kinderkochtopf, den ich geschenkt bekommen hatte, kochte ich Suppe, von der alle etwas abbekamen. Wenn ich merkte, dass ein Mädchen kein Unterhöschen anhatte, nahm ich meine Ersparnisse und kaufte ihr welche.

Früh war mir offenbar bewusst, wo die Würde eines Menschen verletzt wird. Damals nahm ich mir etwas vor, das mittlerweile Realität geworden ist: Ich würde den Kindern aus Bukom helfen. Nicht nur Suppe verteilen und ein paar Kleider verschenken. Nein, ich würde sie dabei unterstützen, ihr Leben selbst in die Hand zu nehmen und zu meistern. Für mich stand fest: In Bukom musste sich etwas verändern. Ich weiß nicht mehr, wie alt ich damals gewesen bin. Dieser Plan reifte über viele Jahre in mir heran.

Die seltsame Krankheit, die mir immer wieder die Haut abzog und die Haare ausfallen ließ, verlor sich schließlich irgendwann. Ob und wie ich geheilt worden war, daran kann ich mich nicht erinnern. Was ich noch weiß: Das alte Leiden verschwand und machte Platz für ein neues, das sich zwar ganz anders äußerte, aber nicht weniger lästig war. In der Sprache meiner Mutter nennt man diese Krankheit *Ablame*.

Ablame trat immer als Anfall auf. Ganz plötzlich verdrehte ich die Augen, bis nur noch das Weiße meiner Augäpfel zu sehen war, verlor das Bewusstsein und verfiel in Zuckungen. Schaumiger Speichel rann aus meinem Mund. Diese Anfälle erinnerten stark an Epilepsie, aber die Ärzte verwarfen diese Diagnose. Niemand konnte sich meine *Ablame* erklären. Ich verbrachte viel Zeit stationär im Krankenhaus. Wenn ich heute dort vorbeifahre, schaue ich immer zu dem Fenster hoch, hinter dem ich gelegen habe. Meine Mutter ließ nichts unversucht, um die Krankheit zu besiegen. Sie war entschlossen, nicht aufzugeben, und brachte mich zu jedem Arzt, den sie kannte. Als mir allerdings keiner von ihnen helfen konnte, probierte sie es mit traditionellen Heilern.

In Westafrika ist der Glaube an die alten Voodoo-Götter noch stark verbreitet, besonders unter der armen Bevölkerung. Die Menschen haben kein Problem damit, Christentum und Voodoo-Praktiken je nach Bedarf miteinander zu vermischen. So war es auch bei meiner Mutter. Half das eine nicht, konnte vielleicht das andere Linderung bringen. In Bukom war damals jede fünfte Hütte ein Voodoo-Haus. In unmittelbarer Nähe des Grundstücks meiner Oma befand sich eines, in dem eine mächtige alte Priesterin hinter einem weißen Vorhang die Götzenbilder hütete.

Es heißt, die Götter des Voodoo seien die gefallenen Engel, die gemeinsam mit Luzifer nach seinem Aufstand im Himmel zur Erde gestürzt worden waren. Einige von ihnen waren auf die Erde, andere ins Meer gefallen, wo sie bis heute ihre Macht ausüben. Dass sie, sofern man es zulässt, eine gewisse Kraft besitzen, habe ich am eigenen Leib erfahren. Ich habe gesehen, wie sich die Götter ihre Priesterin aussuchen, die sich dann, ob sie will oder nicht, in Trance und Zuckungen auf den Weg ins Voodoo-Haus macht. Ich habe gesehen, wie Menschen krank geworden und gestorben sind, weil jemand einen Voodoo-Zauber gegen sie verhängt hatte. Einer meiner liebsten Cousins ist auf diese Weise umgekommen. Doch ich weiß auch, dass derjenige, der sich mit dem Glauben an Jesus Christus wappnet, für jeden Voodoo-Zauber unangreifbar ist. Darum fühle ich mich sicher, bewege mich bei meiner Arbeit für *African Angel* ohne Angst zwischen diesen Menschen und erlebe, wie groß ihre Achtung und ihr Respekt mir gegenüber ist. So groß, dass mich neulich ein Voodoo-Priester bat, seinen Sohn bei uns aufzunehmen, um ihm eine christliche Erziehung zu ermöglichen. Diesen Wunsch habe ich gerne erfüllt, auch wenn *African Angel* zurzeit aus allen Nähten platzt und ich eigentlich einen Aufnahmestopp verhängt hatte, bis unser Neubau bezugsbereit ist.

Meine Mutter schleppte mich als Kind und noch als Jugendliche zu diesen Priestern, von denen manche für ihre Heilerfolge berühmt und bekannt sind. Es heißt, sie können in die »andere Welt« schauen, die Welt, die hinter den sichtbaren Dingen das Verborgene enthält, und dort »lesen«, was die Ursachen für Leid und Krankheit sind. Doch mir und meiner Krankheit gegenüber waren sie alle machtlos.

Das hielt sie allerdings nicht davon ab, allerhand an mir auszuprobieren. Ich bekam Amulette und Medizin in jeder Form. Über mir wurden Rituale vollzogen und Geister beschworen. Manche ritzten mir mit einer Rasierklinge feine Linien in die Haut und schoben zerriebene Kräuter in die Wunde. Aus dieser Zeit habe ich auf meiner Wange und meinem Dekolleté noch einige winzige, parallel verlaufende und dunkel gefärbte Narben. Mein Vater sorgte dafür, dass sie sehr dezent blieben, denn die Ashanti halten nicht viel von diesem Unsinn. So hat es sich niemand erlaubt, mich mit großen Narbenlinien zu verunstalten, wie es bei anderen Stämmen durchaus der Fall war. Heutzutage wird dieses Ritual in der Regel nicht mehr praktiziert. Trifft man aber in Afrika einen Erwachsenen, der solche Narben im Gesicht trägt, dann weiß man, dass er als Kind eine Krankheit hatte, mit der niemand etwas anzufangen wusste.

Meine plötzlichen Anfälle wurden mir mit zunehmendem Alter immer unangenehmer. Zuhause war jeder daran gewöhnt, dass ich von einem Moment auf den anderen umfiel, zuckte und dann in einen Schlaf verfiel; davon nahm schon fast niemand mehr Notiz. Überkam mich aber in aller Öffentlichkeit ein solcher Anfall, sei es in der Schule oder auf dem Markt, dann gab es immer ein Riesentheater. Alle wichen vor mir zurück, betrachteten mich mit Vorsicht, als würde von Zeit zu Zeit ein Zauber über mich kommen.

In unserer Familie hatte es schon in früheren Generationen solche Fälle gegeben, aber bei niemandem war die Krankheit so heftig und so hartnäckig aufgetreten. Bei den meisten anderen war der ganze Spuk mit Einsetzen der Pubertät verschwunden – nicht bei mir. Und wieder machte sich die Furcht breit, ich würde nicht mehr lange leben.

Ich kann mich noch daran erinnern, dass mich meine Großmutter manchmal, wenn sich ein *Ablame*-Anfall ankündigte, in ihre Arme riss und mit mir davonlief, irgendwohin – und eine Menge Leute hinter uns her, die sehen wollten, ob ich jetzt sterbe oder nicht. Damals verbrachte ich wieder viel Zeit in Bukom, meiner zweiten Heimat.

Meine Mutter, die auch mit dieser Krankheit nicht gut umgehen konnte, tat wie gesagt alles, um mich zu heilen. Sie liebte mich sehr, manche Verwandten behaupten, ich sei immer ihr Liebling gewesen. Erzählte also jemand meiner Mutter etwas von einem Heiler, von dem sie noch nie gehört hatte, dann schleppte sie mich dorthin. Unermüdlich war sie mit mir unterwegs und dabei war es ihr ziemlich egal, aus welcher Richtung der Heiler seine Kraft bezog. Die Voodoo-Priester hatten mir die Narben ins Gesicht geritzt, traditionelle Heiler gaben mir Medizin, von der niemand wusste, was sie enthielt, und einmal steckte mich meine Mutter sogar für Monate in eine Kirche, die für ihre Erfolge im Gesundbeten bekannt war. Jeden Morgen um vier Uhr weckte mich die Priesterin und nahm mich mit zum Beten. Wir beteten und beteten, aber die Anfälle kamen wieder. Tagsüber ging ich von dort aus zur Schule, danach wieder zurück zum Beten. Außer mir wohnten noch andere Kranke in dieser Kirche, ich war allerdings die einzige Jugendliche und habe mich entsetzlich gelangweilt. Was war ich erleichtert, als ich endlich wieder nachhause durfte!

Ich war vielleicht zwölf oder 13 Jahre alt, als meine Mutter wieder einmal eine Adresse von einer Heilerin erhalten hatte. An einem Samstagmorgen weckte sie mich in aller Frühe. Ich rieb mir die Augen, draußen war es noch dunkel.

»Komm«, sagte sie leise, um die anderen nicht zu wecken. »Zieh dich an. Wir haben einen weiten Weg vor uns.«

Ich stöhnte. Schon wieder, dachte ich, und zog mich verschlafen an. Ich war kein bisschen neugierig, zu welchem Heiler mich meine Mutter diesmal schleppen würde. Es würde ja doch nicht helfen.

Meine Mutter hatte nicht gelogen, es war tatsächlich ein weiter Weg und wir waren zu Fuß unterwegs. Wir gingen und gingen und gelangten schließlich weit außerhalb der Stadt zu einem Waldstück. Darin stand, mitten auf einer Wiese, ein Haus. Wir setzten uns unter einem Baum auf eine Bank und warteten. Nichts geschah. Es war bereits später Vormittag und ich döste ein wenig im Schatten. Da stieß mir meine Mutter ihren Ellenbogen in die Seite. Vor mir stand eine hochgewachsene, magere alte Frau. Ihre Augen blickten gütig auf mich herab.

»Was führt euch zu mir?«, fragte sie. Ihre Stimme klang uralt und wie aus großer Ferne. Ich fasste sofort Vertrauen zu dieser alten Dame.

Meine Mutter schilderte meinen Fall, woraufhin mich die Heilerin lange betrachtete. Schweigend. Und als ich schon dachte, auch ihr falle nichts zu meiner Krankheit ein, da ging sie in ihr Haus zurück und blieb lange dort drinnen. Meine Mutter und ich warteten. Schließlich kam sie wieder und reichte mir eine Kalebasse mit einer Flüssigkeit.

»Hier«, sagte sie, »trink das.«

Ich trank. Es schmeckte nicht gut, weder bitter noch süß, weder salzig noch scharf. Ein Geschmack, den ich nicht beschreiben kann. Die alte Frau nahm mir das leere Gefäß aus der Hand und betrachtete mich lange. Schließlich reichte sie meiner Mutter eine Flasche.

»Sie muss täglich davon bekommen«, sagte sie zu ihr.

Dann richtete sie ihre Augen wieder auf mich. Ihr Lächeln legte ihr Gesicht in tausend Falten.

»Die Anfälle werden nicht wiederkommen, mein Kind. Lebt wohl. Gott sei mit euch.«

Meine Mutter legte ein paar große Geldscheine in die Hand der Alten. Sie lächelte nur und nickte mir zu. Dann wandten wir uns wieder zum Gehen.

Die Heilerin behielt recht: Ich trank täglich aus der Flasche, bis sie leer war. *Ablame* ist nie wiedergekommen.

DIE VERSCHWIEGENEN PLÄNE
DER MUTTER

Von da an sagte niemand mehr, ich würde bald sterben. Ich war ein kräftiges Mädchen geworden, wenn auch immer noch klein und zierlich. Aber ich war zäh, hatte einen festen Willen und galt zudem als außergewöhnlich hübsch.

Von klein auf hatte ich durch meine Krankheiten eine Sonderstellung innegehabt. Jeder hatte mich wie eine Prinzessin behandelt. Vielleicht ist das auch der Grund gewesen, warum mich meine Schwester Emily nicht besonders gemocht hat. Wir hatten nie viele Gemeinsamkeiten und mit den älteren Nachbarsmädchen verstand ich mich besser als mit Emily. In Afrika ist es üblich, Schwestern in demselben Stoff einzukleiden. Wenn wir dann in den gleichen Kleidern daherkamen, sagten die Leute: »Oh, wie süß das Püppchen darin aussieht, wie gut ihr das steht!«, während sie meine ältere Schwester nur kurz mit einem abschätzigen Blick streiften. Sie entsprach einfach nicht dem damaligen Schönheitsideal. Es war natürlich dumm von den Erwachsenen, auf diese Weise Neid und Eifersucht zwischen uns zu säen.

Auch die Tatsache, dass ich grundsätzlich bekam, was ich wollte, ging Emily auf die Nerven. Schon als Kind liebte ich Bier und meine Eltern erlaubten mir, davon zu trinken. Damals glaubte man, dass Alkohol einem kranken Kind in Maßen guttut, dass Bier die Krankheit aus dem Körper herausspült. Meine Schwester bekam daher kein Bier, denn sie war ja gesund. Ich musste auch nie aufessen, was auf den Teller kam. Oft hatte ich an dem, was meine Mutter für uns gekocht hatte, sogar einiges auszusetzen. Dann stellte sie sich geduldig hin und kochte für mich etwas anderes. Emily dagegen durfte sich ein solches Verhalten nicht erlauben. Durchaus verständlich also, dass meine Schwester nicht gut auf mich zu sprechen gewesen ist. Wenn ich meine Anfälle bekam, dann hatte Emily Mitleid mit mir und war freundlich, als sich aber herausgestellt hatte, dass ich so bald nicht sterben würde, zeigte sie mir die kalte Schulter.

Auf der anderen Seite hatte auch ich allen Grund, auf meine Schwester eifersüchtig zu sein. Von Anfang an hatte meine Mutter nämlich bestimmt, dass ich nur die Grund- und Mittelschule besuchen durfte, dann aber die Schule verlassen und ihr auf dem Makola-Markt helfen sollte, Waren zu verkaufen. Und eines Tages würde ich ihr Geschäft übernehmen. Nicht, dass sie mit mir je darüber gesprochen hätte. Sie hatte das einfach beschlossen, ohne dass ich ein Wörtchen mitzureden hatte. Als ich elf Jahre alt war, musste ich täglich nach der Schule noch in meiner Schuluniform direkt zum Makola-Markt kommen und meiner Mutter helfen. Samstags durfte ich nicht mehr zu meiner geliebten Oma nach Bukom, stattdessen wurde ich in aller Herrgottsfrühe geweckt und musste meine Mutter begleiten. Nicht so meine Schwester. Sie durfte das Gymnasium besuchen, lernen und sich am Wochenende mit ihren Freundinnen vergnügen, während ich auf dem Markt schuftete.

Dabei wollte auch ich das Abitur machen und später studieren. Mir war das Lernen schon immer leichtgefallen; ich liebte es, zur Schule zu gehen. Aber ich stellte mich auch auf dem Markt geschickt an, und meine Mutter behauptete, keine verkaufe so gut wie ich. Es änderte nichts – ich hasste die Arbeit auf dem Markt. Ich kann mich noch gut daran erinnern, wie ich tagtäglich den weiten Weg von meiner Schule zum Makola-Markt trottete. Meine Mutter gab mir zwar jedes Mal Fahrgeld für den Bus, doch meistens konnte ich der Versuchung nicht widerstehen und setzte dieses Geld bereits in der Pause in Süßigkeiten um. Eilig hatte ich es sowieso nie, auf den Markt zu kommen, wo nichts als Arbeit auf mich wartete, während meine Schulkameradinnen und meine Schwester es sich zuhause gut gehen ließen.

Der Makola-Markt in Accra ist in den 1960er- und 1970er-Jahren der Dreh- und Angelpunkt des gesamten Einzelhandels in Ghana gewesen. Noch heute kann man hier alles kaufen, was man sich nur wünschen mag. Es sind die Frauen, die diesen Markt kontrollieren, und ein Geschäft wird von der Mutter an die Tochter weitergegeben. Der Einfluss dieser Frauen war damals unvorstellbar groß. Ihr dichtes Netz an Beziehungen hatte sie über Jahrzehnte mächtig werden lassen. Und zwar nicht nur auf dem Markt selbst, ihr Einfluss reichte bis in die Politik hinein. Die »Makola Market Women« hatten Ghanas Wirtschaft in ihrer Hand. Durch geschickte Einkaufsstrategien, gezielte Informationen über den Warenfluss sowie durch Aufkaufen und Horten ganzer Lagerbestände bestimmten sie die Preise für nahezu alle Produkte.

Über die Makola-Marktfrauen existiert aus der Zeit der Regierung von Acheampong in den 1970er-Jahren eine lustige Anekdote. In Afrika gelten dicke Pos bei Frauen als sexy und die Makola-Marktfrauen waren berühmt für ihre attraktiven Hinterteile. Viele dieser Frauen waren mit Männern aus der Politik liiert. Man erkannte sie daran, dass jede von ihrem Geliebten einen VW-Golf geschenkt bekommen hatte. Darum gab es die Redewendung: *Fa wu tu be gyi Golf.* – »Bring deinen Hintern zum Makola-Markt, dann kriegst du einen Golf.« Es war dieser handfeste Humor, mit dem ich auf dem Markt aufgewachsen bin.

Der Makola-Markt war auch in unserer Familie Dreh- und Angelpunkt. Meine Mutter brachte immer feine Sachen mit nachhause. Besonders liebte ich weißen Reis aus Amerika, der damals das Vornehmste und Teuerste war, was man auf dem Markt bekommen konnte. In Wirklichkeit war dieser Reis eine Lebensmittelspende der USA. Aber wie immer landete er nicht in den Kochtöpfen der Armen, für die er bestimmt gewesen war, sondern auf den Ständen der Makola-Marktfrauen, die ihn für viel Geld verkauften. Bei meinen Vorträgen wie auch in den Informationsbroschüren und Flyern von *African Angel* erkläre ich aus dieser Erfahrung heraus ohne Unterlass, dass Lebensmittel-spenden für Afrika blanker Unsinn sind, da sie nie ihr Ziel errei-chen. Daran hat sich bis heute nichts geändert.

Meine Mutter war eine der mächtigsten Händlerinnen der Kosmetikbranche. Sie verfügte über ausgezeichnete Quellen, aus denen sie erfuhr, wo wann welche Waren aus welchem Land eingeführt werden sollten, und oft hatte sie schon ganze Be-stände aufgekauft, noch ehe sie in Accra ankamen. Dadurch kontrollierte sie zahlreiche Marken; wer solche Artikel kaufen wollte, bekam sie ausschließlich bei meiner Mutter. So konnte sie die Preise selbst bestimmen.

Sie verkaufte auf dem Makola Market No. One, dem größ-ten und wichtigsten Abschnitt des Marktes, direkt an private Kundinnen. Da sie das Monopol auf viele Artikel hatte, waren auch Zwischen- und Endhändler ihre Abnehmer. Und obwohl sie dafür spezielle Angestellte hatte, übertrug sie mir nach und nach diese wichtige Aufgabe: Ich übernahm das Verteilen der Bestände an Mutters Zwischenhändler und sie behauptete, nie-mand würde das so geschickt und zuverlässig wie ich machen.

Flink lief ich durch das unübersichtliche und verwirrende Geflecht aus Gassen, die nach einem eigenen, uralten Gesetz in Warengruppen eingeteilt waren. In der einen Ecke bekommt man nur Stoffe, in einer anderen Haushaltswaren, und wer Ge-würze kaufen will, geht in einen speziellen Marktbereich. Ich kannte dieses Labyrinth wie meine Westentasche, orientierte mich mühelos und wusste um jede Abkürzung. Noch heute finde ich mich in dem, was von dem Markt übrig geblieben ist, schlafwandlerisch zurecht. So erledigte ich alle Botengänge si-cher und zuverlässig, die Kundinnen und Kolleginnen meiner Mutter kannten mich bald und schätzten mich; rasch nahm ich auf, was eine gute Händlerin ausmacht. In dem Bestreben, die lästigen Pflichten möglichst schnell und gut hinter mich zu bringen, habe ich meiner Mutter so ungewollt immer wieder aufs Neue bestätigt, dass ich die geborene Marktfrau war.

Auch als Direktverkäuferin schickte mich meine Mutter ins Getümmel. Wie Tausende andere trug ich Waren in einem Teller auf dem Kopf herum und pries sie Passanten an: Seife, Shampoo, Cremes. Der Renner waren Bleichcremes, welche die Haut heller machen sollten. So wie sich die Frauen im Europa der 1970er- und 1980er-Jahre bemühten, ihre Haut an der Sonne zu bräunen, so war es der Traum jeder Afrikanerin, ihre schwarze Haut so stark wie möglich aufzuhellen. Helle Haut galt als sexy und so fanden diese Artikel selbst bei stattlichen Preisen reißenden Absatz. Europäerinnen achten heute generell mehr auf ihre Haut und setzen sie nicht mehr so sorglos der Sonne aus. Seitdem es weltberühmte schwarze Topmodels gibt, stehen zwar viele Afrikanerinnen zu ihrer dunklen Hautfarbe, der Traum von heller Haut ist bei uns aber noch immer sehr verbreitet.

Natürlich befanden sich auch diese begehrten Bleichcremes auf meinem Verkaufsteller. Und es stimmte: Meiner war immer am schnellsten leer. Meine Mutter beschäftigte ein ganzes Heer an Verkäuferinnen, viele meiner Cousinen arbeiteten für sie. Die schimpften oft mit mir und beschuldigten mich, ich würde die Ware unter Preis hergeben. Aber das war gelogen. Ich verkaufte zum festgesetzten Preis, war am Ende jedoch früher mit meiner Verkaufstour fertig als die anderen.

Meine Mutter war mit mir sehr zufrieden und fühlte sich in ihren Zukunftsplänen für mich bestätigt. Ich würde einmal ihre würdige Nachfolgerin sein, das bewies ich ihr jeden Tag aufs Neue. Sie verdiente viel Geld, war angesehen und genoss ihre Macht. Und während ich von einem Studium träumte, war sie davon überzeugt, mir irgendwann ein glänzendes Erbe zu übergeben.

PANZER AUF DEM MAKOLA-MARKT

Während meine Schwester Emily zuhause saß, lernen, mit ihren Freundinnen ausgehen und Spaß haben durfte, musste ich nach der Schule auf dem Markt arbeiten. Das war ungerecht, fand ich. Musste nicht gerade meine Mutter, die nie zur Schule hatte gehen dürfen und sich zeitlebens darüber beklagt hat, Verständnis dafür haben, dass ich weiterlernen und meine Ausbildung nicht vorzeitig beenden wollte?

Doch dann wurde mir Hilfe von unerwarteter Seite zuteil. Ich war gerade 14 Jahre alt und meine Tage in der Schule waren gezählt. Da geschah etwas Furchtbares, wodurch sich das Leben meiner Mutter über Nacht verändern sollte. Im Juni 1979 gelang Jerry John Rawlings der Putsch gegen die Militärregierung von Fred Akuffo. Der Sohn eines Schotten und einer Ghanaerin hatte in Großbritannien Wirtschaftswissenschaften studiert, ehe er der ghanaischen Luftwaffe beigetreten war und dort Karriere gemacht hatte. Mit Rawlings' Staatstreich löste eine Militärdiktatur die andere ab.

Es war eine unruhige und gewalttätige Zeit in Accra. Die Angst, die alle erfüllte, konnte man buchstäblich riechen. Meine Eltern waren politisch nicht aktiv, und so hatten wir eigentlich nicht viel zu befürchten. Doch bei uns im Haus in Adabraka lebte eine führende Politikerin aus Akuffos Partei. Eines Tages fuhr bei uns Militär vor und stürmte das Haus. In der Wohnung der Politikerin ging eine wüste Schießerei los. Die Gesuchte war allerdings schon längst geflohen und die Soldaten machten lediglich ihrem Unmut Luft, bevor sie wieder abzogen. Wir kamen mit dem Schrecken davon.

Damals gab es viele Proteste. Die Universität wurde für einige Zeit geschlossen. Rawlings ließ den ehemaligen Präsidenten und dessen Anhänger erschießen. Am Strand des Atlantischen Ozeans, nicht weit entfernt von Lambadi Beach, dem beliebtesten Strand von Accra, ist der Hinrichtungsort noch heute gut sichtbar. Fährt man auf dem Lambadi Highway Richtung Osten, so sieht man gegenüber der Militärakademie eine mächtige künstliche Sanddüne vor der Meeresbrandung aufragen, mit Strandgras bewachsen und befestigt. Große Tafeln mit Nummern von eins bis acht markieren die Plätze, welche die Todeskandidaten hatten einnehmen müssen, bevor sie von unten erschossen wurden. Immer noch deutlich zu erkennen sind die Mulden, welche die Hingerichteten im Fallen in die Flanke der Düne gerissen haben. Unzählige Menschen hatten damals dort den Tod gefunden.

Doch diese Säuberungen waren nur der Anfang. Als studierter Wirtschaftswissenschaftler war es Rawlings' erklärtes Ziel, die Korruption zu bekämpfen und die Wirtschaft, die von einer hohen Inflation geprägt war, zu sanieren. Dabei waren ihm die Makola-Marktfrauen ein besonderer Dorn im Auge, denn sie verstanden es geschickt, durch das Horten von Waren künstliche Knappheiten zu erzeugen, welche die Preise in die Höhe trieben. *Kalabule* heißt dieser Vorgang in der Sprache meiner Mutter und noch heute sagt man bei uns: »Mach mir bloß kein *Kalabule!*«, wenn man ausdrücken will, der andere solle keinen Wucherpreis verlangen.

Um die Macht der Makola-Frauen zu brechen, griff Rawlings zu einem drastischen Mittel: Er ließ den Markt kurzerhand abreißen und an seiner Stelle Gebäude und Parkplätze errichten. Die Frauen hatten 24 Stunden Zeit, um ihre Waren aus dem Markt zu holen. Nach abgelaufener Frist kamen die Panzer und machten alles dem Erdboden gleich. Wer auf die Idee kam, sich ihnen entgegenzustellen, wurde von den Soldaten erschossen.

Die wenigsten Frauen schafften es, ihr Hab und Gut zu retten. Auch meine Mutter musste viel von ihrem in Waren angelegten Kapital in den Lagerräumen zurücklassen. Aber der eigentliche Schaden bestand darin, dass alle Marktfrauen mit einem Mal ihre Geschäftsgrundlage verloren hatten. Ohne ihren Umschlagplatz, den konkreten Ort, an dem jede wusste, wo sie wen finden konnte, waren sie ruiniert. Das Netz war zerrissen und konnte nicht wieder geknüpft werden. Jedenfalls nicht in kurzer Zeit.

Inzwischen, 30 Jahre später, haben sich die Frauen den Makola-Markt auf ihre Weise zurückerobert. Sein einstiges Zentrum, wo auch meine Mutter ihren Stand hatte, heißt jetzt Rawlings Park und ist ein Parkplatz. Jedenfalls offiziell. Wer aber heute dem Rawlings Park einen Besuch abstattet, stellt fest, dass sich der Makola-Markt wie eine hartnäckige, wild wuchernde Pflanze dort und in den angrenzenden Straßen und Plätzen wieder ausgebreitet hat. Wo auch immer ein Marktstand errichtet werden kann, wird einer aufgeschlagen, sei es zwischen geparkten Autos oder auf Verkehrsinseln; auch da, wo gerade noch eine Straße war, verschwindet sie unter den Waren der Marktfrauen. So wird eine Straße nach der anderen für Autos unpassierbar, weil überall Verkaufsstände aus dem Boden sprießen. Wie ein Symbol für die zähe und ungebrochene Macht der Marktfrauen wirkt eine Verkehrsampel nahe dem Rawlings Park, die fast vollständig unter riesigen Stapeln aus Wolldecken verschwunden ist. Nur das Verkehrslicht selbst lugt noch aus der Ware heraus. Selbstverständlich ist die Ampel schon lange außer Betrieb, schließlich gibt es keinen Straßenverkehr mehr, den sie regeln könnte. Das Markttreiben hat dessen Existenz völlig überflüssig gemacht und ihm seine eigenen Gesetze – im wahrsten Sinn der Worte – übergestülpt.

Was für meine Familie damals eine Katastrophe gewesen ist, hat für mich eine Wendung zum Guten gebracht. Endlich hatte meine Mutter nichts mehr dagegen, dass ich das Abitur machte. Die Zerstörung des Marktes ist für sie ein schwerer Schlag gewesen, von dem sie sich nie wirklich erholt hat. Mein Vater verdiente als Transportmanager bei Ghana Oil nicht schlecht, doch für den Wohlstand war unsere Mutter verantwortlich gewesen. Ich habe noch die Szene vor Augen, die sich vor Rawlings' Putsch

tagtäglich wiederholt hatte: Meine Mutter kam vom Markt nachhause, von dem mein Vater sie jeden Abend mit dem Auto ab-
holte. Sie trat in ihr Zimmer und warf das ganze Geld auf ihr Bett.
Und mein Vater ging hin, klaubte die großen Scheine heraus und
steckte sie ein. Meine Mutter lachte vor Stolz und erlaubte es
ihm großzügig. Sie liebte meinen Vater abgöttisch.

Auch viele Jahre später, auch nachdem er sich von ihr abgewandt hatte und in Not gekommen war, reichte sie ihm ihre
Hand und half ihm. Einmal, wenige Jahre vor dem Ende des Makola-Marktes, hatte sie meinem Vater ein Flugticket nach London gekauft und ihm die Reise zu Verwandten finanziert. Sie
selbst war zuhause geblieben, hatte aber eine riesige Party veranstaltet und überall groß damit angegeben: »Mein Mann ist
nach Europa geflogen! Er hat in einem Flugzeug gesessen!« So
etwas galt damals als Statussymbol: Wer es sich leisten konnte,
nach Europa zu fliegen, der gehörte zu den Reichen. Kurze Zeit
später war es damit aus und vorbei.

Die ganze Macht meiner Mutter, ihr Einfluss, die Achtung,
die man ihr entgegenbrachte, und ihr Stolz waren mit der Zerstörung des Marktes dahin. In dem komplizierten Geflecht unserer Familien war sie aufgrund ihrer Machtposition als Makola-
Frau und ihres Reichtums wohlgelitten gewesen, auch bei der
Verwandtschaft meines Vaters, die meine Mutter von Anfang
an nicht besonders gut hatte leiden können. Selbst gegenüber
der Familie ihrer Tante, von der sie einst in die familieneigene
Bäckerei aufgenommen worden war, hatte meine Mutter ihre
Erfolge nicht ohne Genugtuung ausgespielt – war sie doch
als Kind als die sprichwörtliche »arme Verwandtschaft« behandelt worden. Überall hatte sie finanziell ausgeholfen, ohne dabei aber jemals ihren Stolz zu verhehlen. Jetzt, da sie vor dem
Nichts stand, erntete sie kaum Mitleid, sondern eher Hohn. Als
hätte sie auf eine solche Gelegenheit nur gewartet, startete vor
allem Tante Oforiwaa eine Hetzkampagne gegen sie, die unsere
Familie zerstören sollte.

Von allen, die vom einstigen Wohlstand meiner Mutter profitiert hatten, half ihr ausgerechnet eine muslimische Freundin. Hajia hatte sich am Rand des abgerissenen Makola-Marktes einen Stand sichern können, an dem sie noch heute Getränke verkauft. Sie erlaubte meiner Mutter, vor ihrem fest gebauten Stand an einem kleineren Tisch Stoffe zu verkaufen. So konnte sie wenigstens noch ein paar Geschäfte machen und sich über Wasser halten. Noch nie hatte sie Geld von meinem Vater gebraucht – und sie wollte auch weiterhin selbstständig sein.

Mein Vater, nur Absolvent der Mittelschule, hatte seine Karriere bei Agip begonnen und ist der erste afrikanische Fahrer des italienischen Ölkonzerns gewesen. Fleißig, zuverlässig und ehrgeizig, wie die Ashanti sind, hatte er sich über die Jahre hochgearbeitet, bis er schließlich Leiter des Fuhrparks geworden war und als Transportmanager alle anderen Fahrer unter sich hatte. Inzwischen war Agip von der ghanaischen Regierung aufgekauft worden und heißt seither Ghana Oil oder GOIL. Mein Vater wurde hoch geachtet und verdiente gut. Auch den Brüdern meiner Mutter hatte er bei Ghana Oil Jobs verschafft, was ihm meine Oma nie vergessen sollte.

Wer in einem Unternehmen wie GOIL eine wichtige Position innehatte, der verdiente nicht nur gut, sondern hatte auch verschiedene Möglichkeiten, sich zusätzliche Einkünfte zu verschaffen. Als Nebenverdienst besonders begehrt waren die leeren Ölfässer, die an ausgesuchte Mitarbeiter verteilt wurden. Der Konzern hätte sie teuer entsorgen müssen und war daher froh, sie loszuwerden. Mein Vater aber, und später auch ich, wir kannten die Männer, die diese kostbaren Behälter aufkauften. Zunächst wurden die Fässer gründlich gereinigt und konnten dann für alles Mögliche verwendet werden: als Wassercontainer, für Zisternen oder für andere Flüssigkeiten. Im Norden Ghanas gab es auch Brauereien, die sehr an den Fässern interessiert waren.

Die Ölfässer boten meinem Vater gute Nebeneinkünfte. Eigentlich hätten wir uns daher keine ernsthaften Sorgen machen müssen. Doch die Ashanti-Tante und ihre Kinder waren immer präsent, und meiner Mutter war einfach nicht wohl, wenn sie nicht ihr eigenes Geld verdiente.

Im Jahr nach dem Abriss des Makola-Marktes bekamen wir, zu unser aller Überraschung, ein neues Familienmitglied. Am 1. Dezember 1980 kam Ama Tanowaa zur Welt. Sie war von meinen Eltern ungeplant in eine äußerst schwierige Epoche unserer Familie hineingeboren worden.

Ich selbst war damals 14 Jahre alt und die neue Schule nahm mich völlig in Beschlag. Dennoch spürte ich, dass nichts mehr so war wie vorher. Meine Mutter kämpfte um ihre Existenz und hatte ein Neugeborenes zu versorgen. Und wie ich später erfuhr, bangte sie außerdem um die Liebe ihres Mannes.

Vielleicht hatte sie ihn immer zu sehr verwöhnt. Vielleicht hatte auch meine Tante Oforiwaa Erfolg, die meinem Vater ständig in den Ohren lag, dass diese Antonia nicht die Richtige für ihn sei. Jedenfalls wandte sich mein Vater unmerklich von meiner Mutter ab, anstatt sie in dieser schwierigen Phase zu unterstützen Vieles hatte sich meine Mutter zeitlebens mit Geld erkauft. Nun bekam sie bitter zu spüren, wer in schweren Zeiten zu ihr hielt und wer nicht.

So erlebte ich meine Kindheit wie eine Prinzessin zwischen verschiedenen Welten: zwischen der Welt der Ashanti und der Welt der Ga. Zwischen Krankheit und Tod. Zwischen Christentum und Voodoo-Glauben. Ich wanderte zwischen der behüteten Welt des vornehmen Mittelschicht-Viertels Adabraka und dem Slum von Bukom hin und her, zwischen Schule und Markttreiben, erlebte friedliche Zeiten und blutigen Umsturz. Alles sog ich in mich auf; die Erfahrungen, die ich machte, prägten meinen Charakter. Ich lebte auf Messers Schneide und daran hat sich bis heute nichts geändert.

III. DIE ENTDECKUNG DER LIEBE

EIN TEENAGER MIT GROSSEN PLÄNEN

Ich hatte schon immer große Träume. Als Kind hatte ich mir vorgenommen, die erste afrikanische Flugzeugpilotin zu werden. Im Garten zwischen unserem Haus und dem der Nachbarn wuchs damals ein prächtiger Baum und dort saß ich oft mit meinen Freundinnen. Wir spielten, erzählten uns den neuesten Klatsch und tauschten unsere Zukunftspläne aus.

Meine Schwester wollte so bald wie möglich nach London gehen und dort studieren. Eine Freundin erzählte, sie wolle Lehrerin werden, eine andere wiederum meinte, Ärztin sei ihr Traumberuf. Und ich sagte: »Ich werde einmal Flugzeugpilotin. Aber zuerst bekomme ich ein Baby. Damit ich das hinter mir habe. Und danach mache ich die Schule fertig. Wenn ich dann einen Beruf habe, ist mein Baby schon groß und wir haben ein schönes Leben miteinander.«

Alle lachten. Niemand nahm das ernst. Auch ich hatte meine Pläne schon bald wieder vergessen. Aber meinen Wunsch, Pilotin zu werden, den vergaß ich nicht.

Wir hatten damals in Adabraka in einem schönen Haus eine großzügige, luftige Wohnung gemietet. Im Haus und in der Nachbarschaft lebten auch einige muslimische Familien und wir waren alle gut miteinander befreundet. Jeder respektierte den Glauben des anderen. Damals sind wir alle auf dieselben Schulen gegangen, nur sonntags haben wir verschiedene Sonntagsschulen und Gottesdienste besucht, je nach unserer Konfession. Überhaupt war das Verhältnis zwischen Christen und Muslimen bei uns in Accra immer positiv, man lebte und arbeitete gemeinsam. Auch heute gibt es in Ghana noch keine echten Spannungen. Doch inzwischen wurde eine Koranschule nach der anderen gebaut und die Kinder gehen nicht mehr gemeinsam zum Unterricht. Das finde ich sehr schade. Denn wächst man in Frieden miteinander auf, bekommt man dieselben Werte des Zusammenlebens vermittelt, dann gibt es auch später keine Feindseligkeiten.

Es war eine Muslimin gewesen, die meiner Mutter nach der Zerstörung des Makola-Marktes eine Basis zum Weiterarbeiten geboten hatte. Noch heute bin ich Hajia sehr dankbar, und wenn ich in Accra bin, dann statte ich ihr einen Besuch ab.

Meiner Familie ging es, wie gesagt, inzwischen nicht mehr so gut. Doch ich war ein aufgeweckter, lebenshungriger Teenager und hatte andere Dinge im Kopf. Jungs wurden zunehmend spannend und ich hatte meine ersten harmlosen Flirts, später auch einen richtigen Freund.

In Afrika hat niemand etwas dagegen, wenn ein Mädchen in jungen Jahren seine Erfahrungen mit Männern macht. Jungfräulichkeit ist bei uns keine Voraussetzung für die Eheschließung, sondern es ist ganz normal, dass sich eine Frau in einigen Beziehungen ausprobiert, ehe sie »den Richtigen« findet. Wir waren aufgeklärt und auch Aids war für uns kein Fremdwort. Uns wurde gesagt, dass diese Krankheit aus Europa eingeschleppt worden sei, noch heute wird das offiziell so erklärt. Erst als ich in Deutschland lebte, habe ich erfahren, dass man in Europa glaubt, Aids käme aus Afrika. Was habe ich damals gelacht!

Wir wussten also, dass wir Kondome benutzen sollten, vor allem wenn wir mit Männern schliefen, die in Europa gewesen waren. So machten meine Freundinnen und ich unsere ersten Erfahrungen, genau wie die jungen Mädchen in Europa auch. Afrikaner legen allerdings höchsten Wert auf Diskretion, die hier zum guten Ton gehört. Ein Mädchen bringt ihren Freund nicht mit nachhause und stellt ihn auch nicht ihren Eltern vor. Ebenso wenig lässt sie sich von ihrem Verehrer von zuhause abholen. Erst wenn ein Paar wirklich heiraten möchte, vollzieht sich der Ritus nach vorgegebenen Regeln. Doch in den 1980er-Jahren, als ich ein Teenager war, heirateten die wenigsten mit großem Tamtam, das war einfach nicht modern. Eine kirchliche Heirat gab es vielleicht einmal im Jahr, öfter nicht. Man heiratete standesamtlich, und das auch nur, wenn es einen Grund dafür gab.

In der westafrikanischen Tradition ist Polygamie für Männer bis vor Kurzem fest verankert gewesen. Die Männer nahmen sich so viele Frauen, wie sie wollten; üblich waren zwei bis vier. Zwar durften sie laut Gesetz nur eine Frau standesamtlich heiraten, darüber hinaus konnten sie aber durch eine traditionelle Hochzeit weitere Frauen ehelichen. In der Praxis handelte es sich hierbei um eine Vereinbarung, die zwischen zwei Familien getroffen wurde, in Afrika jedoch ebenso bindend wie eine offizielle Trauung war. Auch heute noch leben viele Männer polygam, wenn auch sehr verschwiegen. Diese Möglichkeit gibt es natürlich nicht für verheiratete Frauen. Ihnen wird in unserer Gesellschaft keine Liebschaft zugestanden, das ist ein absolutes Tabu. Was selbstverständlich nicht heißt, dass afrikanische Frauen keine Affären haben. Aber sie müssen streng geheim gehalten werden – wird die Beziehung öffentlich, bedeutet dies die Trennung. Ausnahmen gibt es nicht.

In der Generation meiner Eltern war es üblich, dass Männer eine zweite Frau haben konnten. Wer seine erste Frau jedoch liebte, hielt diese Zweitbeziehung geheim. Es war eine Frage des Respekts der ersten Frau gegenüber. Machte ein Mann seine zweite Frau öffentlich, dann eigentlich nur, um die erste loszuwerden – außer die erste Ehefrau akzeptierte den Umstand, dass es nun eine zweite neben ihr gab. Und auch dies kommt immer noch vor. Allerdings hat die sogenannte »zweite Frau«

heute eher den Status einer festen Geliebten, wie man es auch in Europa kennt, und ihre Existenz wird meistens geheim gehalten. Schwierig wird es, wenn die Geliebte Kinder bekommt. Nicht selten erscheinen bei der Beerdigung eines Mannes ganze Sippen, von der die erste Ehefrau nicht die geringste Ahnung hatte. Wie immer in Afrika gibt es bei diesem heiklen Thema in der Praxis viele Varianten und Spielarten.

Hat die erste Ehefrau eine gute Beziehung zu ihrer Schwiegerfamilie, kann es schon vorkommen, dass sie sich bei dieser beschwert, wenn sich ihr Mann eine zweite Frau nimmt. Die Verwandten des Mannes intervenieren dann mitunter tatsächlich und rufen ihn zur Ordnung. Darum ist es für eine Frau immer sehr wichtig, zu allen Teilen der Verwandtschaft gute Beziehungen zu pflegen, um im Ernstfall Verbündete zu haben.

Mein eigener Großvater mütterlicherseits war ein sehr gut aussehender Mann. Er hatte eine relativ helle Hautfarbe und wundervolles gewelltes Haar. Es hieß, sein Urgroßvater sei Engländer gewesen. Und dieser Großvater war ein überzeugter Polygamist. Meine Oma war seine Lieblingsfrau. Als Jüngste von drei Ehefrauen war ihr wegen ihres Kinderreichtums – sie hatte ihrem Mann neun Kinder geboren – eine sehr ehrenvolle Stellung sicher.

Ich kann mich noch gut an ihn erinnern. Er wohnte nicht mit meiner Großmutter zusammen, sondern in seinem eigenen Haus. Er hatte zahllose Enkel, holte mich aber besonders oft von zuhause ab und unternahm mit mir etwas Schönes. Er kam manchmal frühmorgens zu Fuß von Bukom nach Adabraka, um mit mir spazieren zu gehen, denn es hieß, dass der Morgentau gut für kranke Kinder sei. Wenn ich bei meiner Oma war und sie ihn besuchte, dann bin ich immer dabei gewesen. Außerdem war mein Großvater sehr großzügig mit »Milo« und »Horlicks«, meinen damaligen absoluten Lieblingsgetränken.

»Milo« ist eine Art Kakaopulver, das mit heißem Wasser angerührt wird. Wie die meisten Kinder in Ghana war ich »Milo«-süchtig. Noch verrückter, sofern das überhaupt ging, war ich nach »Horlicks«, einer Art weißen Schokoladencreme, die man ebenfalls zu einem Getränk aufgießen oder auch einfach nur so löffeln kann. Einmal hatte ich so viel davon getrunken, dass ich mich übergeben musste. Und noch heute wird mir schlecht, wenn ich »Horlicks« nur rieche.

Laut afrikanischer Tradition muss ein Mann nicht für seine Frau und seine Kinder aufkommen. Ein guter Vater, der seine Ehefrau liebt, unterstützt sie natürlich, aber er ist nicht dazu verpflichtet. Kinder sind Frauensache, es reicht, wenn der Mann die Kinder anerkennt. Nicht selten unterstützt die Frau den Mann, besonders in der Polygamie versucht sie oft, ihn auf diese Weise an sich zu binden. Darum schauen die Männer, wenn sie ans Heiraten denken, in erster Linie nicht auf die Schönheit einer Frau, sondern darauf, wie fleißig sie ist. Eine fleißige Frau hat die größten Heiratschancen. Außerordentliche Schönheit stimmt afrikanische Männer dagegen misstrauisch: Wer weiß, ob eine solch begehrenswerte Frau auch treu ist? Gerade ich sollte noch am eigenen Leib erleben, wie zerstörerisch die Eifersucht eines afrikanischen Mannes sein kann.

Natürlich gibt es zwischen den einzelnen Ehefrauen eines Polygamisten Spannungen. Eifersüchtig wird darüber gewacht, welche der Rivalinnen mehr Zeit, Aufmerksamkeit und womöglich finanzielle Zuwendungen erhält. Dies treibt viele Frauen zu Voodoo-Priestern, die der verhassten Person ernsthaften Schaden zufügen können – sofern genügend Geld im Spiel ist. Die Geschädigten merken das natürlich und nehmen ihrerseits Zuflucht zum Voodoo. So geht das oft jahrelang hin und her und die Fehde steigert sich ins Unermessliche. Bis jemand stirbt, was manchmal ganz schnell geht: Eine vermeintliche Beleidigung kann genügen, um tödlichen Voodoo-Zauber auf sich zu ziehen. Ich hatte von klein auf großen Respekt vor den Voodoo-Priestern, doch meine frühe christliche Prägung empfand ich auch als persönlichen Schutz vor diesen Kräften.

Als Kind war ich auf einer Missionsschule, und zwar auf der Liberty Avenue Methodist Primary (LAMP), die genau hinter dem Grundstück lag, auf dem unser Haus stand. Ich musste also nur zweimal um die Ecke sausen und schon war ich dort. Der Bibelunterricht, den wir hauptsächlich in der Sonntagsschule abhielten, hatte es mir besonders angetan; ich sog all die Geschichten in mich auf wie ein trockener Schwamm. Vor allem die von Samuel liebte ich, denn laut unserer Lehrerin war er ein so braves Kind gewesen, dass sich Gott entschlossen hatte, direkt mit ihm zu sprechen. Das faszinierte mich und ich wollte unbedingt ein braves Kind sein, damit Gott auch zu mir direkt sprach. Natürlich tat er das nie und irgendwann begriff ich, dass ein normaler Mensch die mächtige Stimme Gottes gar nicht überleben würde. Und doch: Auf die eine oder andere Weise spricht Gott schon mit mir. Nur ganz anders, als ich es mir als Kind vorgestellt hatte.

Der Glaube an Gott ist seit frühester Kindheit tief in mir verankert und auch heute beziehe ich meine ganze Kraft aus diesem Glauben. Ich wäre nicht mehr am Leben, hätte ich nicht meinen Gott. Als Teenager besuchte ich am liebsten das Morgengebet, das in unserer Kirche dreimal die Woche um vier Uhr morgens abgehalten wurde. Zu diesen Andachten kamen nur alte Leute, ich war die einzige Jüngere dazwischen. Ich liebte diese frühen Stunden, in denen das Gespräch mit Gott noch viel einfacher zu sein schien als während des lärmenden Tages. Die Sonntagsgottesdienste waren unter den jungen Mädchen und Frauen auch immer so eine Art Schaulaufen. Sie putzten sich heraus, kleideten sich in den teuersten afrikanischen Stoffen, die sie sich leisten konnten, behängten sich mit Schmuck, schminkten sich und trugen so in der Kirche zu Markte, was sie hatten. Ich aber bevorzugte die stillen Morgenstunden mit den alten Leuten aus unserem Viertel, um Gott im Herzen ganz nahe zu sein.

Wenn ich aus der Kirche trat, ging meistens gerade die Sonne auf. Bei uns in Afrika geschieht das ganz plötzlich, wir kennen weder das lange europäische Morgengrauen noch die blaue Stunde der Abenddämmerung. In Afrika verwandelt sich die tiefschwarze Nacht lediglich für wenige Augenblicke in ein fast magisches Zwielicht. Und dann tritt die Sonne über den Horizont, gebieterisch und prächtig. Kurze Zeit später ist es bereits vollständig hell. Derselbe Vorgang vollzieht sich am Abend in umgekehrter Reihenfolge: Eben noch taucht die Sonne das Land in ihr gleißendes Licht, dann verschwindet sie hinter dem Horizont und lässt für ein paar Minuten dieses seltsame Zwielicht zurück, ehe die Nacht alles verhüllt. Wenn ich morgens von der Andacht kam, standen meine Schwester und die Cousinen gerade erst auf. »Wo kommst denn du her?«, fragten sie mich verschlafen. Ich aber hatte meinen Tag im Gespräch mit Gott begonnen.

Das hinderte mich nicht daran, meinen Spaß zu haben, in der Schule mit meinen Freundinnen herumzualbern und jede Menge Blödsinn anzustellen. Und schon gar nicht daran, mit Jungs zu flirten und meine ersten sexuellen Erfahrungen zu machen. Aber noch war nichts Ernstes dabei gewesen – nichts, was mein Herz wirklich berührt hätte. Noch lag die echte Liebe vor mir.

EINE SCHICKSALHAFTE BEGEGNUNG

Es war ausgerechnet ein hoher kirchlicher Feiertag, der mein Leben verändern sollte. Der Karfreitag 1983 war mein Schicksalstag. Ich war 17 Jahre alt und es gab Leute, die mich als schön bezeichneten.

Am Karfreitag geht man bei uns dreimal in die Kirche. Für die Zeit danach hatte ich mich mit Freunden verabredet. In Afrika liegen Trauer und Freude nah beieinander. Die größten Feste, die tagelang dauern können, werden bei Beerdigungen gefeiert.

Deshalb ist es auch kein Widerspruch, nach den bewegenden Gottesdiensten am Karfreitag mit Freunden auszugehen. Christi Tod und Leiden gedachten wir voller Emotionen in der Kirche, draußen aber wurde gefeiert. Ich hatte kurz vorher mit meinem Freund Schluss gemacht und so wussten alle, dass ich wieder Single war. Es waren Kumpel meiner Schwester, die mich gerne mochten und sich sorgten, ich könnte mich langweilen oder einsam fühlen. Emily war gerade in London und so nahmen sie mich mit auf ihre Tour.

Im Viertel dieser Freunde hatte erst vor Kurzem ein neues Lokal eröffnet, das »After Eight«. Jeder sprach von der Neueröffnung.

»Da muss man einfach mal gewesen sein«, fanden meine Freunde und ich war ganz ihrer Meinung.

Als wäre es gestern erst gewesen, sehe ich mich vor dem Spiegel stehen, als ich mich schön machte: Dem Trauertag angemessen, trug ich ein schickes rot-schwarz gemustertes Kleid, denn in Ghana trägt man bei traurigen Anlässen entweder Schwarz oder Rot und in besonders feierlichen Fällen schwarzweiß. Auf dem Kopf hatte ich ein Tuch, das mir erst neulich jemand geschenkt hatte – goldene Sterne auf rotem Grund. An den Füßen trug ich hochhackige Sandalen, die vorne mit roten Blüten verziert waren. Mit mir konnte man sich sehen lassen!

So zogen wir also zum »After Eight«. Zur Straße hin war das Lokal offen, sodass viel frische Luft hereinströmen konnte, was bei dem schwül-heißen Klima in Accra sehr wichtig ist. Schon von der Straße aus konnten wir die Gäste sehen, die entweder an Tischen saßen oder an der großen geschwungenen Bar standen. Noch war das Lokal nicht besonders voll, es war auch erst früher Nachmittag. Der Zufall wollte es, dass die Clique, mit der ich unterwegs war, aus sieben Jungs bestand und ich das einzige Mädchen war. Mir machte das nichts aus; ich war selbstbewusst und hatte meinen Spaß. Wir nahmen einen ganzen Tisch ein und rückten noch Stühle heran, damit alle Platz fanden. Wir tranken

Milchshakes, aßen Kuchen und alberten herum. Ein hübsches Mädchen in Begleitung von sieben Jungs – da schaute schon so mancher zu uns herüber. Ich war es gewöhnt, die Blicke auf mich zu ziehen, und wie immer achtete ich nicht besonders darauf. Bis auf einmal ein Mann auf unseren Tisch zusteuerte.

»Darf ich mich zu euch setzen?«, fragte er höflich.

Er sah verdammt gut aus, war älter als meine Begleiter und seine Kleidung und sein souveränes Verhalten verrieten sofort, dass er aus Europa kam. Er streifte mich mit einem interessierten Blick.

Mein Gott, dachte ich, der ist aber ganz schön mutig.

Verdutzt rückten meine Freunde einen Stuhl für ihn heran. Gleich bestellte er eine neue Runde für uns alle und das Eis war gebrochen. So wie er mich mit seinen Blicken streifte, war mir sofort klar, dass ich ihm gefiel. Auch er gefiel mir, außerordentlich gut sogar, und ich fand es ungeheuerlich, dass er es gewagt hatte, einfach so an unseren Tisch zu kommen, wo ich doch mit sieben Jungs unterwegs war. Was, wenn einer dieser jungen Männer mein Freund gewesen wäre? Dann hätte es mächtigen Ärger gegeben, denn Afrikaner verstehen bei solchen Angelegenheiten nicht viel Spaß. Dass er das riskierte, sich so selbstverständlich zu uns gesellte und sofort mit mir ein Gespräch anfing, das nahm mir fast den Atem.

Du lieber Himmel! Der ist nur meinetwegen an unseren Tisch gekommen, schoss es mir durch den Kopf. Ja, ich muss zugeben, ich fühlte mich geehrt, dass sich ein so eleganter und weltgewandter Mann für mich interessierte.

»Ich war schon lange nicht mehr in Accra«, sagte er. »Eigentlich kenne ich mich überhaupt nicht mehr aus. Um das ganze Viertel des Makola-Marktes haben sie eine Menge neu gebaut, nicht wahr?«

»Ja«, erklärte ich, »Rawlings hat den Markt abreißen lassen. Und jetzt wird dort wie verrückt gebaut. Es gibt ein Einkaufszentrum und neue Lokale …«

»Sag mal«, unterbrach er mich, »hättest du Lust, mir das zu zeigen?«

»Du meinst jetzt?«

Der Mann lächelte und warf einen kurzen Blick in die Runde meiner Freunde.

»Wenn das in Ordnung ist? Ich möchte dich natürlich nicht deinen Freunden entführen.«

Ich fragte die Jungs, ob sie etwas dagegen hätten, wenn ich unserem neuen Bekannten eine kleine Stadtführung gäbe.

»Kein Problem!«, riefen sie gleichzeitig. »Wir sehen uns, Harriet.«

Der Mann stutzte kurz, sah mir ins Gesicht.

»Du heißt Harriet?!«

»Ja. Warum?«

»Das erzähle ich dir später«, meinte er nachdenklich. »Ich heiße übrigens Anthony.«

Und dann erwies sich Anthony als wirklich großzügig:

»Wisst ihr was?«, rief er meinen Freunden zu. »Solange Harriet mir die Stadt zeigt, seid ihr meine Gäste! Alles, was ihr trinkt, geht auf meine Rechnung.«

Er gab dem Barkeeper ein Zeichen, das mit einem Nicken erwidert wurde.

»Er ist ein Freund von mir«, vertraute Anthony mir an. »Ich wohne nämlich hier gleich um die Ecke.«

Meine Kumpel nahmen sein Angebot begeistert an. Kaum waren wir weg, liefen sie nachhause und holten noch ein Dutzend weitere Verwandte und Freunde, damit sie sich alle auf Kosten dieses großzügigen Fremden betrinken konnten.

Während der Autofahrt durch Accra wurde mir schnell klar, dass sich Anthony sehr wohl auskannte – eigentlich zeigte er mir die Stadt, wie ich sie noch nie gesehen hatte. Ob ich dieses Einkaufszentrum schon kannte, wollte er wissen, und jenes elegante Geschäft. Anschließend ging er mit mir einkaufen und machte mir eine Menge Geschenke. Ich begriff, dass ich es bislang nur mit unreifen Jungs zu tun gehabt hatte und dieser Anthony einer ganz anderen Kategorie angehörte: Er war ein richtiger Mann. Ein Mann mit Manieren, mit Bildung, mit Stil und mit Geld. Ein Mann aus der Oberschicht, der souverän wusste, wie er sich verhalten musste. Er behandelte mich mit einer mir unbekannten Liebenswürdigkeit zuvorkommend und höflich, als sei ich eine Prinzessin. Langsam, aber sicher verlor ich mein Herz an ihn.

Die Stunden vergingen wie im Flug. Als er mich gegen sechs Uhr abends zuhause absetzte, sah er mir in die Augen. Mein Herz klopfte bis zum Hals. Sollte es das gewesen sein? Würde ich diesen Mann niemals wiedersehen?

»Hast du Lust«, fragte er mich, als hätte er meine Gedanken gelesen, »später mit mir zu Abend zu essen? Sagen wir um neun?«

Natürlich hatte ich Lust. Auf wackeligen Beinen verließ ich seinen Wagen und ging zu unserem Haus, beladen mit seinen Geschenken. Mir war klar, dass dies der Beginn einer großen Liebesgeschichte sein würde, wie ich sie noch nie erlebt hatte.

Als er mich später zum Essen abholen wollte, ereignete sich etwas Lustiges. Vom Fenster aus beobachtete ich, wie Anthony auf unsere Haustür zuging und im Garten prompt auf meinen Vater stieß. Ich hielt den Atem an. Anthony verhielt sich wirklich ziemlich dreist, aber wir hatten versäumt, einen Treffpunkt für unser abendliches Rendezvous zu verabreden, so aufgeregt war ich gewesen. Mein Vater herrschte den Eindringling ziemlich rüde an: »Wer sind Sie? Was wollen Sie von meiner Tochter?!« Da sank Anthony vor ihm auf die Knie und bat ihn um die Erlaubnis, mich zum Essen auszuführen. Das kam für meinen Vater natürlich überhaupt nicht infrage und Anthony zog kleinlaut wieder ab.

Ich hatte mich bereits schön gemacht und fragte mich, was nun geschehen würde. Aber es dauerte nur wenige Minuten, und ein paar Jungs kamen in den Garten gelaufen und fragten nach mir. Anthony hatte sie geschickt, damit ich erfuhr, wo er auf mich wartete.

Ich schlich mich aus dem Haus. Dass ich schon immer meinen eigenen Kopf hatte, sollte sich auch jetzt nicht ändern. Im Verlauf jenes Abends musste ich mir eingestehen, dass ich mich verliebt hatte. Über beide Ohren – so, wie es mir noch nie zuvor passiert war. Und dieser wunderbare Mann, der im fernen London lebte und nur zu Besuch in Ghana war, liebte mich auch.

Von da an trafen wir uns fast jeden Tag. Über Anthonys Leben in London erfuhr ich nicht viel. Er habe dort ein gut gehendes Restaurant, erzählte er. Und dass ich seiner geliebten Schwester sehr ähnlich sähe, die vor ein paar Jahren Miss Ghana geworden war.

Meinen Namen hatte Anthony bereits im »After Eight« erfahren. Erst viel später gestand er mir, welchen Eindruck dieser zusammen mit der großen Ähnlichkeit zu seiner Schwester auf ihn gemacht hatte. Denn seine verstorbene und von ihm sehr verehrte Mutter habe auch Harriet geheißen.

Ehrlich gesagt, glaubte ich ihm diese Geschichte zunächst nicht. Ich hielt sie für eine verliebte Lüge, um mich zu beeindrucken und möglichst schnell rumzukriegen. Harriet war wirklich ein sehr seltener Name in Ghana. Warum sollte ausgerechnet seine Mutter so geheißen haben wie ich?

Bald stellte Anthony mich seiner Schwester vor. Das ist in Ghana ein bedeutsames Zeichen. Wenn ein Mann die neue Freundin seiner Familie und allen Freunden vorstellt, geht es nicht nur um Sex. Anthony nahm mich überallhin mit. Seine Schwester mochte ich gerne. Wir sahen uns damals tatsächlich sehr ähnlich: Wenn wir miteinander ausgingen, fragte man uns oft, ob ich ihre Nichte sei.

Noch in der Woche, in der wir uns kennenlernten, hat Anthony mich mit zum Grab seiner Mutter genommen. Da stand in Stein gemeißelt, dass sie tatsächlich denselben Namen wie

DIE ENTDECKUNG DER LIEBE

ich getragen hatte. Meine Mutter wiederum heißt Antonia. Dass Anthony und ich so heißen wie die Mutter des jeweils anderen, erschien auf einmal auch mir als ein deutlicher Wink des Schicksals. In Afrika kommt den Müttern eine große Bedeutung zu. Ihr Segen ist entscheidend für Wohl und Weh. Und konnte diese Namensgleichheit etwas anderes bedeuten als einen Segen?

Nein, Anthony hat mich nicht gleich am ersten Tag küssen dürfen. Da hatte er schon eine Weile um mich werben müssen. Auch habe ich mir damit Zeit gelassen, mit ihm zu einem richtigen Liebespaar zu verschmelzen. Das ist im Haus seiner Familie geschehen, ganz in der Nähe vom »After Eight«.

Erst vor ein paar Monaten bin ich an diesem Haus vorbeigefahren. Rasch und ohne aufzufallen, denn ich bin Anthony seit vielen Jahren nicht mehr begegnet. Als ich das Haus sah, stockte mir der Atem: »Harriet's Villa« steht dort in roter Schrift auf dem weißen Verputz. Nach all den Jahren. Seitdem versuche ich, mir einzureden, dass dies eine Hommage an seine verstorbene Mutter ist – aber so recht glauben kann ich es selbst nicht.

Anthony ist 27 Jahre älter als ich. Als wir uns kennenlernten, war er 44 und ich 17. Man sah ihm sein Alter nicht an; er wirkte immer viel jünger und war in jeder Hinsicht ein attraktiver Mann. Der Unterschied an Jahren – er war schließlich im Alter meines Vaters – hat mir nie etwas ausgemacht, im Gegenteil. In Afrika hat man zu diesem Thema eine andere Meinung als in Europa: Da ältere Männer junge Frauen immer gut versorgen werden, sind sie eine gute Partie. An solchen Beziehungen nimmt bei uns niemand Anstoß.

Für mich war Anthony der Traummann schlechthin. Er war weltgewandt, hatte Humor, wusste eine Menge Dinge, von denen ich keine Ahnung hatte. Zu Beginn unserer Beziehung schien er nur einen einzigen Fehler zu haben: Er rauchte. Rauchen wird in Afrika nicht gerne gesehen, bei Frauen schon gar nicht. Auch bei Männern macht es keinen guten Eindruck. Anthony hatte vom vielen Rauchen ganz dunkle Finger. »Warum hast du so schwarze Finger«, fragte ich ihn einmal herausfordernd, wie es eben meine Art ist. »Du hast doch nicht etwa Aids?!« Als er das nächste Mal aus London zurückkam, fiel mir die Veränderung zunächst nicht einmal auf.

Irgendwann fragte er mich: »Ja, merkst du denn gar nichts?!«

»Was denn?«

»Ich rauche nicht mehr!«

Und tatsächlich hat er seither keine Zigaretten mehr angerührt. Das schmeichelte mir natürlich. Gleichzeitig bewunderte ich ihn für seine Charakterstärke, denn dass es schwierig ist, mit dem Rauchen aufzuhören, das wusste ich. Er wollte mir offensichtlich gefallen, sonst hätte er diese Angewohnheit niemals aufgegeben. Darüber freute ich mich sehr.

Ich fühlte mich wie im siebten Himmel. Natürlich war mein Liebster immer wieder viele Wochen in London, ehe er nach Ghana zurückkam. Seine Freunde erzählten mir, dass er vor unserer Beziehung mitunter jahrelang in London geblieben sei. Jetzt, seit er mit mir zusammen war, kam er alle paar Monate nach Accra, wo er genauso viel Zeit verbrachte wie in London.

Ich ging weiter zur Schule, schließlich hatte ich große Pläne. Noch immer wollte ich Pilotin werden, an zweiter Stelle stand eine gehobene Position bei einer Bank. Schon als kleines Mädchen hatte ich meine Mutter täglich zur Bank begleiten dürfen, wo sie morgens die Einkünfte des vorangegangenen Tages ablieferte und ihr Wechselgeld holte. Die Bankangestellten in ihren schicken Kostümen schienen mir immer sehr beneidenswert.

Meine Eltern wussten von meiner Beziehung zu Anthony nichts, da man, wie bereits erwähnt, in Afrika nicht über lockere Liebesbeziehungen spricht. Natürlich ahnten sie, dass ich jemanden hatte, wenn ich über Nacht wegblieb, und vielleicht sahen sie Anthony und mich gelegentlich zusammen. Aber ich

DIE ENTDECKUNG DER LIEBE

galt als erwachsen und konnte tun und lassen, was ich wollte, solange sich dies im üblichen Rahmen bewegte.

In diesen Jahren ging eigentlich jeder aus meiner Familie eigene Wege. Meine große Schwester war auf dem Sprung, ihren Traum von einem Leben in London zu verwirklichen. Mein Vater war nicht viel zuhause, worüber ich mir damals nicht den Kopf zerbrach. Meine Mutter ging ihren Geschäften nach, auch wenn sie sich von der Zerstörung des Makola-Marktes nicht wirklich hatte erholen können. Außerdem musste sie meine kleine Schwester versorgen, Ama Tanowaa, und eines Tages stellte sich heraus, dass sie an derselben Krankheit litt, die mich über all die Kinderjahre verfolgt hatte.

Es waren die Anfälle. Das arme Mädchen war noch keine fünf Jahre alt, als sie Ama Tanowaa regelmäßig und in einer Heftigkeit, die ich selbst kaum erlebt hatte, niederwarfen. Wieder ging meine Mutter mit dem Kind zu Ärzten und Heilern. Zu unserer großen Enttäuschung war die alte Frau, die mir damals geholfen hatte, inzwischen verstorben. Und niemand hatte ihre Heilkunst bewahrt.

Ich liebte meine kleine Schwester sehr. Sie war mir in vielem ähnlich, nicht nur in der Krankheit, die ein ernstes Kind aus ihr machte, so wie damals aus mir. Doch ich war 15 Jahre älter als sie, ein Altersunterschied, der in diesem Lebensabschnitt viel bedeutet. Ich lernte, war in der Schule immer unter den fünf Besten, hatte Spaß mit meinen Freundinnen und sehnte mich nach Anthony. War er im Land, verbrachte ich so viel Zeit mit ihm wie nur möglich.

Die Familie meines Freundes war sehr angesehen und mächtig – sie ist es heute noch. Seit Generationen nimmt sie am politischen Geschehen teil, sitzt in der Regierung und in wichtigen Ämtern. Ich habe es immer als ein besonderes Zeichen gedeutet, dass Anthonys Familie ursprünglich aus den Vierteln am Meer stammt, wo auch Bukom liegt. Dort sind sie nicht nur die führende Familie, sondern den Mitgliedern werden auch spirituelle Aufgaben zugeordnet.

Ist in Bukom das Meer aufgewühlt, sodass die Fischer nicht wagen, ihre Boote aus dem Hafen zu steuern, dann ist es Aufgabe der Ältesten von Anthonys Familie, bestimmte Rituale zu vollziehen, um den Meeresgott zu besänftigen. Sie gelten als die Herren des Meeres. Sie bestimmen, wann man im Meer baden oder zum Fischen rausfahren darf und wann nicht. So ist etwa der Dienstag ein heiliger Tag, an dem man sich dem Ufer nicht nähern darf. Die Frauen aus dieser Familie hatte ich oft sagen hören, dass sie ihren Männern anmerkten, wenn das Meer »hochgeht«, weil sie dann unberechenbar und jähzornig würden und man ihnen an solchen Tagen besser aus dem Weg ginge. Viele Jahre später, als ich in Deutschland mit Anthony entsetzliche Szenen erlebte, habe ich mich gefragt, ob wohl in Bukom gerade das Meer hoch stehe, ob er über all die Entfernung auch in Düsseldorf noch den Zorn des Meeresgottes zu spüren bekam.

Während unserer gesamten gemeinsamen Zeit in Ghana hat Anthony mich stets auf Händen getragen. Wie eine Prinzessin behandelte er mich, wenn er aus London kam und für Monate bei mir blieb. Es ist eine überaus glückliche Zeit gewesen, die ich in vollen Zügen genoss: als unbeschwerte Gymnasiastin an der Seite dieses wunderbaren Mannes, der mir den Zutritt zu ganz neuen Kreisen ermöglichte.

Anthony nahm mich mit zu Empfängen und Partys, auf denen die High Society aus Kultur und Politik ein und aus ging. Von so einem Leben hatte ich nicht einmal zu träumen gewagt. Noch immer besuchte ich meine Oma in Bukom, ich kannte das Leben dort, die Armut und Not. Nun aber bewegte ich mich auch regelmäßig auf vornehmen Veranstaltungen. Wie sehr ich das liebte!

Einmal, am Anfang unserer Beziehung, waren wir bei einem seiner Onkel eingeladen, der Oberster Richter am Landesgericht war. Nie werde ich vergessen, wie beeindruckt ich von der riesigen Villa war, von dem prächtigen Portal, zu dem eine steinerne Freitreppe emporführte. Obwohl ich schon immer ein toughes Mädchen gewesen bin, fühlte ich mich angesichts der vornehmen Gäste, die von einem Butler mit weißen Handschuhen begrüßt wurden, durchaus eingeschüchtert. Hoffentlich konnte ich mich so benehmen, wie man es von mir erwartete! An Anthonys Arm bewegte ich mich über das spiegelblanke Parkett, begrüßte eine Menge Leute, die Anthony gut kannten, und versuchte, meine Nervosität zu verbergen. Ich bewunderte die Eleganz der Damen, die seidene Kleider oder Kostüme und kostbaren Schmuck trugen, die perfekten Maßanzüge der Herren. Bedienstete in Livreen gingen mit silbernen Tabletts herum und boten den Gästen Champagner an. An Anthonys Arm gelangte ich in einen mit Blumen geschmückten Empfangssaal, in dem sich noch mehr Gäste bewegten. Mir wurde schwindelig angesichts all dieser Pracht und der Anwesenheit so vieler Menschen aus der besten Gesellschaft. Der üppige Duft der Blumen mischte sich mit den Parfums der Damen, das Stimmengewirr, so zurückhaltend sich auch alle unterhielten, wogte in meinen Ohren auf und ab. Durch eine weit geöffnete Flügeltür sah ich hinaus auf eine Terrasse, auf der ein eindrucksvoller weißhaariger Herr stand und ankommenden Gästen die Hand schüttelte.

»Das ist mein Onkel«, erklärte mir Anthony. »Ich stelle dich ihm gleich vor, wenn der erste Andrang vorbei ist. Komm, ich zeig dir den Park.«

Aber vor meinen Augen drehte sich alles.

»Ich möchte mich lieber einen Moment setzen«, bat ich Anthony. »Mir ist heiß. Und ein bisschen schwindelig.«

Fürsorglich suchte Anthony mir einen Platz, und nachdem er sich vergewissert hatte, ob er mich auch wirklich für ein paar Minuten allein lassen konnte, ging er hinaus in den Park.

Ich sah mich um. Langsam beruhigte ich mich wieder. Direkt neben mir war ein beeindruckendes Buffet aufgebaut. Ich rührte nichts an, hielt mein Glas fest in der Hand und betrachtete alles genau. Beobachtete, wie sich Gäste, die einander kannten, begrüßten. Studierte die Bewegungen, die Mienen und den Rhythmus, mit dem sie sich einander näherten und wieder entfernten. Meine Nervosität legte sich. Ich verglich die Garderoben der Damen mit meinem schlichten Kleid, das meine schlanke Figur vorteilhaft betonte. Nein, dachte ich, ich muss den Vergleich nicht scheuen. Ein Gefühl von Glück durchströmte mich. Wie im Märchen erschien mir, was von nun an meine Welt sein sollte – mein Leben an Anthonys Seite.

Mir war eine Gruppe junger Leute aufgefallen, die nahe der Terrassentür beieinanderstanden. Ein großer junger Mann sah immer wieder zu mir herüber. Ich wünschte, Anthony käme zurück! Wo blieb er eigentlich die ganze Zeit? Als sich der Raum allmählich geleert hatte, stand ich schließlich auf. Ich würde Anthony suchen gehen. Doch kaum hatte ich die Terrasse erreicht, trat der seriöse ältere Herr von vorhin auf mich zu. Es war Anthonys Onkel, der Herr des Hauses! Wie sollte ich ihn nur begrüßen?

Aber es war ganz einfach. Er reichte mir die Hand und fragte mich höflich, mit wem er das Vergnügen habe. Ich nannte meinen Namen und gleich waren wir in ein Gespräch verwickelt. Dann, ohne Vorwarnung, wandte er sich an die Gruppe junger Leute und rief: »David, komm doch mal bitte her!« Und ausgerechnet der große junge Mann, der mich vorher verstohlen gemustert hatte, trat auf uns zu.

»David, darf ich dir Harriet vorstellen? Harriet, das ist mein Sohn David.« Und nach ein paar weiteren belanglosen Sätzen ließ Anthonys Onkel mich mit seinem Sohn allein.

Wo war Anthony? Hilfesuchend sah ich mich um. Denn kaum war sein Vater verschwunden, fing David ungeniert an, mit mir zu flirten, und machte mir ein Kompliment nach dem anderen.

Wie sollte ich mich verhalten? Ich wollte ja nicht unhöflich sein. Schließlich war er Anthonys Cousin, gehörte also zur Familie. Wie sollte ich ihm nur beibringen, dass ich mit seinem Vetter zur Party gekommen war? Endlich, da kam Anthony! Mit raschen Schritten nahm er zwei Stufen auf einmal.

»Hey, David«, sagte er und nur sein Mund lächelte, seine Augen blickten kalt. »Was machst du denn da?«

»Ich habe gerade diese wunderschöne junge Frau kennengelernt. Sie heißt Harriet.«

»Ja«, fuhr Anthony ihn an. »Das weiß ich. Sie ist nämlich meine Freundin.«

Er hätte genauso gut sagen können: Finger weg oder ich breche dir das Nasenbein – der Ton wäre derselbe gewesen. David aber blieb souverän.

»Oh«, sagte er, ganz der Upperclass-Junior, »meinen Glückwunsch! Du bist zu beneiden.«

»Ich weiß«, entgegnete Anthony und legte besitzergreifend seinen Arm um mich. »Komm Harriet, ich muss dich ein paar Leuten vorstellen.«

Wir gingen die Stufen hinunter. Sein Griff war hart.

»Deinen Onkel habe ich schon kennengelernt«, sagte ich vorsichtig.

»Was?! Aber ich wollte dich ihm doch vorstellen!«

»Er kam auf mich zu und hat mich begrüßt«, versuchte ich zu erklären. »Und dann hat er mir David vorgestellt. Wo warst du eigentlich die ganze Zeit?«

Anthony schwieg hartnäckig.

»Was hast du denn?«, bohrte ich nach. »Hab ich etwas falsch gemacht?«

»Keine Ahnung. Ich war ja nicht dabei. Offenbar kann man dich nicht allein lassen.«

»Anthony«, versuchte ich ihn zu besänftigen. »Ich habe nach dir gesucht! Ich bin so froh, dass du endlich gekommen bist!«

Allmählich lockerte sich sein Griff. Seine Miene entspannte sich. Er stellte mich verschiedenen Leuten vor und schien die bewundernden Blicke, die ich überall erntete, endlich zu genießen.

So begann mein Leben an Anthonys Seite. Es dauerte nicht lange und ich bewegte mich sicher auf diesem Parkett der Reichen und Mächtigen. Ich war stolz auf meinen Freund, dessen Familie so einflussreich war, und konnte es kaum glauben, dass er mich in dieses mondäne Leben einbezog. Und Anthony schien auch stolz auf mich zu sein und sonnte sich in dem Glanz meiner jugendlichen Schönheit.

Erst viel später sollte ich erfahren, dass Anthony von Anfang an nicht ganz ehrlich zu mir gewesen war. Ich hatte ihn gleich nach unserem Kennenlernen gefragt, ob es in seinem Leben eine andere Frau gäbe. Er war im besten Alter, sah blendend aus, war vermögend. Wieso um alles in der Welt sollte ausgerechnet so ein Mann ungebunden sein? Da wäre keine andere Frau, hatte er behauptet. Es war eine Lüge, die ich nur zu gerne geglaubt habe. Doch in London hatte Anthony eine langjährige Partnerin, sogar Kinder. Ich habe gehört, er hätte sogar eine Tochter, die Harriet heißt. Er selbst hat das ein Leben lang vor mir bestritten.

Vielleicht hätte ich mich anders entschieden, ganz zu Anfang, als ich mich noch nicht so mit Haut und Haaren in ihn verliebt hatte. Vielleicht hätte ich aus Stolz und Vernunft die Notbremse gezogen und ihn nicht mehr gesehen. Sicher war dies der Grund, weshalb er mir nicht die Wahrheit gesagt hatte. Verheiratet war er nicht. Doch in London wartete bereits eine Familie auf ihn, zu der er regelmäßig zurückkehrte, während ich in Accra von einer Zukunft an seiner Seite träumte.

DIE ENTDECKUNG DER LIEBE

SCHATTEN AUF HARRIETS GLÜCK

Anthony und ich waren seit etwa zwei Jahren ein Paar, als ich plötzlich schwanger wurde. Ich merkte es ziemlich rasch, die Symptome waren deutlich, keinen Augenblick zweifelte ich daran, dass ich ein Baby erwartete. Ich erzählte niemandem davon. Ich freute mich – auch wenn das vielleicht schwer zu verstehen ist. Freute mich tief in meinem Innersten und das Glück breitete sich in mir aus, wie die Hormone, die langsam, aber stetig meinen Körper veränderten. Man hat mir die Schwangerschaft lange nicht angesehen, mein Bauch blieb flach, alles verlagerte sich zunächst an die Seiten. Ich hielt es nicht für nötig, irgendjemanden einzuweihen, es war mein süßes Geheimnis, das niemanden etwas anging. Nur mich und Anthony.

Ich malte mir aus, wie er bei seinem nächsten Besuch reagieren würde. Ich wollte es ihm persönlich sagen, nicht am Telefon. Wir hielten es so, dass er mich auf dem Apparat meiner Eltern anrief, der in unserem Hausflur stand. Von Anfang an hatte Anthony das regelmäßig und verlässlich getan. Ich fragte ihn, wann er wiederkäme. Er wich mir aus und erwähnte Schwierigkeiten, die er erst klären müsse. Probleme mit seinem Restaurantpartner. Er käme bald. Wann, das wisse er noch nicht.

Und dann hörten seine Anrufe auf. Zuerst hatte ich es gar nicht bemerkt, so beschäftigt war ich mit mir selbst gewesen, mit der Schule, den körperlichen Veränderungen. Ich machte mir keine Sorgen. Ging weiterhin zur Schule, war im zweiten Jahr des Gymnasiums und musste viel lernen. Ich traf mich mit Schulkameradinnen für die Prüfungsvorbereitungen. Im letzten Trimester standen wichtige Examen an, die darüber entschieden, ob man die nächste Stufe erreicht oder nicht.

Trotz meiner Schwangerschaft bestand ich alle Prüfungen mit guten Noten – wie immer. Die Ferien gingen vorüber, das neue Schuljahr begann und immer noch merkte niemand, was mit mir los war. Mir war das nur recht. Ich weiß noch, auf welchem Platz ich saß, als das dritte Jahr am Gymnasium anfing. Und dann, irgendwann, ging ich einfach nicht mehr hin. Die Schule wurde zu beschwerlich. Ich musste mich oft übergeben. Damals war ich vielleicht im sechsten Monat. Ich wollte das Kind und durfte es nicht gefährden. Auf einmal war die Schwangerschaft nicht mehr zu verheimlichen, und die Nachricht ging herum wie ein Lauffeuer: Oh Gott, die Harriet ist schwanger!

Das Seltsame war, dass niemand offen mit mir darüber redete. Der Haussegen hing schief, das war klar. Meine Mutter war stinksauer auf mich. Ließ mich links liegen. Spielte Katz und Maus mit mir. Anthony rief immer noch nicht an. Oder war ich vielleicht gerade nicht zuhause, wenn er sich meldete? Und niemand hielt es für nötig, es mir auszurichten? Sicherlich war es so. Bald würde er mir sagen, wann er nach Accra käme.

Doch die Wochen vergingen. Die Situation zuhause wurde unerträglich und ich war der Meinung, dass Anthony endlich erfahren musste, in welchen Umständen ich mich befand. Ich besaß keine Londoner Nummer von ihm, schließlich hatte ich sie zuvor noch nie gebraucht. Doch jetzt besorgte ich sie mir über einen gemeinsamen Freund. Es dauerte ein paar Tage, bis ich mich traute, sie zu wählen. Als ob ich ahnte, dass es nichts Gutes bringen würde. Bislang hatte ich keinen Grund gehabt, ihn anzurufen. Bislang hatte sich Anthony regelmäßig bei mir gemeldet. Irgendwann wählte ich die Nummer dann doch. Eine Frau war am Apparat. Ich bat darum, Anthony sprechen zu dürfen. Die Frau wurde wütend, legte schließlich auf. Anthony rief immer noch nicht an.

Inzwischen machte man mir zuhause das Leben zur Hölle. Der Familienrat, der hauptsächlich aus meiner Mutter bestand, hatte beschlossen, dass ich das Kind abzutreiben hätte. Noch immer sprachen sie nicht mit mir. Es waren Bemerkungen meiner Schwester, die sie wie nebenbei fallen ließ, die mich aufschrecken ließen. Aber ich wollte nicht abtreiben.

Hätte ich abtreiben wollen, wäre das ganz einfach gewesen. Dann hätte ich das schon viel früher getan. Die älteren Schülerinnen hatten genügend Erfahrung; die wussten, wie man so etwas macht. Immer wieder kam es bei uns vor, dass ein Mädchen die älteren Studentinnen um Rat fragte, und immer wusste eine, was in einem solchen Fall zu tun war. Die Familie zuhause bekam überhaupt nichts davon mit. Daher wäre es für mich ein Leichtes gewesen, das Kind abzutreiben, nachdem ich meine Schwangerschaft bemerkt hatte.

Aber ich wollte das Kind. Von Anfang an. Zu einem späteren Zeitpunkt erzählte mir eine Freundin aus der Nachbarschaft, dass ich das schon vor vielen Jahren gesagt hätte, als wir alle kleine Mädchen gewesen waren und unter dem Baum in unserem Garten gesessen hatten. Dass ich ganz früh ein Baby haben und erst danach die Schule beenden würde. Und wenn ich dann groß wäre und einen Beruf hätte, dann würde ich mit meinem Kind ein schönes Leben führen. Da erinnerte ich mich. Wir lachten zusammen. Es war ein selten fröhlicher Moment in diesen schrecklichen Wochen gewesen. Denn meine Mutter, die einen ausnehmend starken Charakter hatte, wollte nicht aufgeben. Das Kind musste weg, das hatte sie beschlossen. Was ich mir eigentlich einbildete – hörte ich über Dritte, denn direkt sprach sie schon lange nicht mehr mit mir. Ich dürfe zur Schule gehen, habe die besten Noten. So viele Hoffnungen habe sie in mich gesetzt und jetzt würden all ihre Pläne über den Haufen geworfen.

Ja, das war es: ihre Pläne. Immer wollte sie in allem das letzte Wort und die Kontrolle haben. Dabei war ihr nach und nach ihre Macht entglitten. Die älteste Tochter wollte nach London. Die Jüngste war unheilbar krank und niemand wusste, wie lange sie leben würde. Und jetzt sollte Harriet auch noch einen Balg bekommen, statt die Schule ordentlich abzuschließen. In der Familie war ich immer der Liebling gewesen. Jetzt bekam ich zu spüren, wie es ist, als Aussätzige behandelt zu werden.

Ich hatte in diesen Wochen fürchterliche Angst. Es gab Geschichten, in denen schwangere Mädchen von ihren Verwandten einfach in ein Auto verfrachtet und in eine Abtreibungsklinik gefahren wurden, egal, in welchem Monat sie waren. Dort nahm man ihnen die Babys weg, ob sie nun wollten oder nicht. Meiner Mutter traute ich einen solchen Anschlag durchaus zu. Noch nie hatte mich meine Familie derart mit Verachtung gestraft. Immer war ich die Prinzessin gewesen, die Puppe. Harriet, die Schöne, Harriet, die Kluge, Harriet, der Sonnenschein. Und nun, von einem Tag auf den anderen, hatten mir alle ihre Liebe entzogen. Wenn sie wenigstens direkt mit mir geredet hätten, dass man sich hätte ordentlich streiten können. Aber so hüllten sich alle in Schweigen und Ablehnung.

In der Familie meines Vaters gab es eine kluge schöne Frau, die wir alle verehrten – Aunty Mary. Diese Tante kam eines Tages und redete mit mir. Offenbar glaubten die übrigen Familienmitglieder, dass ich es nicht wagen würde, dieser Respektsperson zu widersprechen. Aunty Mary erinnerte mich an meine hochfliegenden Pläne.

»Dansowaa«, sagte sie, denn als Ashanti sprach sie mich mit meinem afrikanischen Namen an, »wolltest du nicht immer die erste Pilotin Afrikas werden?«

Ich schwieg.

»Gehörst du nicht zu den Besten in deiner Klasse?«

Ich wandte den Blick ab und starrte gegen die Wand.

»Willst du das alles wegwerfen? Deine Zukunft? Dein Glück?«

»Was wisst ihr schon von meinem Glück!«, fuhr ich sie an.

»Es ist zu früh«, entgegnete sie geduldig, doch bestimmt. »Du wirst später Kinder bekommen, so viele du willst. Aber jetzt ist nicht die richtige Zeit.«

Sie versuchte es mit allen Mitteln. Probierte es mit Güte, mit Strenge. Irgendwann hielt ich es einfach nicht mehr aus.

»Ich werde nicht abtreiben«, weinte ich. »Das kannst du ihnen sagen. Ich will mein Baby. Warum lasst ihr mich nicht einfach in Ruhe?!«

Aunty Mary reiste unverrichteter Dinge wieder ab. Meine Mutter aber erklärte mir den Krieg. Sie behandelte mich schlecht, stieß mich herum, mitunter schlug sie mich auch. Ich erkannte sie nicht wieder. War sie dieselbe, die mich immer so verwöhnt hatte? Die mich gehütet hatte wie ihren Augapfel?

Ich weinte viel in dieser Zeit. Weinte und weinte. Ich hatte alles verloren. Meine Mutter hatte mich innerlich verstoßen. Meine Schwester kümmerte sich nicht um mich. Mein Vater machte mir zwar keine Szenen wie meine Mutter, aber auch er sagte, wie enttäuscht er sei. Dass sie alle gehofft hatten, aus mir werde etwas Vernünftiges, weil ich doch so gut in der Schule war. Und er es sehr schade finde, dass ich diesen »Blödsinn gemacht habe«. Danach ging er seiner Wege und ließ mich im Stich.

Da ich nicht mehr zur Schule ging, hatte ich auch all meine Freundinnen verloren. In dem vornehmen Viertel, in dem wir lebten, war ein schwangeres Mädchen ohne Mann außerdem ein Skandal. So etwas gab es in Adabraka einfach nicht.

Heute weiß ich, dass es auch für meine Mutter eine schwere Zeit gewesen ist. Meinen Vater musste sie sich mit einer anderen Frau teilen. Wie lange das schon so ging, wussten wir nicht. Meine Mutter konnte nicht mehr viel verdienen, was sie als Demütigung empfand. Da der Stoffverkauf auf dem Ladengrund ihrer Freundin Hajia nicht viel einbrachte, arbeitete sie in Bukom für entfernte Cousinen, die Kanus an Fischer vermieteten. Diese sind in der Regel zu arm, um sich ein eigenes Boot leisten zu können, weshalb sie einen großen Teil ihres Fangs an die Bootsbesitzer abliefern müssen. Fangen sie nichts, verlangen die Besitzer Geld für das verbrauchte Benzin, wodurch die Fischer Schulden machen.

Auch wenn ich inzwischen einen großen Bauch hatte und jeder Handgriff für mich beschwerlich war, so schleppte mich meine Mutter unbarmherzig in aller Herrgottsfrühe an den Strand von Bukom, wo wir die Fischer erwarteten, die Beute entgegennahmen und weiterverkauften. So musste ich mit Tellern voller Fisch auf dem Kopf durch die Straßen gehen und die Ware verkaufen.

Ich war sehr unglücklich. Meine Mutter und ihre Cousinen behandelten mich wie den letzten Dreck. Noch heute gibt es mir einen Stich ins Herz, wenn ich sie treffe. Wir gehen natürlich freundlich miteinander um, doch was sie mir damals angetan haben, belastet unsere heutige Beziehung immer noch sehr. Wenn ich einmal nichts zu tun hatte, ging ich am Saum des Atlantischen Ozeans entlang und weinte. Setzte mich auf eines der prachtvoll bemalten Fischerboote und weinte. Ich hatte kein Auge für die Schönheiten dieser Morgenstunden am Meer – das Spiel der Farben über dem Wasser, die herrliche Bucht, von einem Felsen geschützt, der in den Atlantik hinausragt und steil zum Sandstrand hinabfällt. Ich fühlte nur die Armut der Menschen und vor allem mein eigenes Leid. Ich weinte so viel, dass ich gar nicht weiß, woher ich die ganzen Tränen genommen habe. Meine Augen waren immer geschwollen. Und langsam, ganz langsam machte sich ein Gedanke in mir breit.

Wenn alle schon forderten, dass mein Baby sterben sollte, dann wollte ich mit ihm sterben.

Irgendwann war er da, dieser Gedanke. Ich sehe noch das Glitzern des morgendlichen Meeres. Rieche noch den Gestank nach Fisch, Tang und dem ganzen Bukomer Unrat, der Übelkeit in mir aufsteigen ließ. Höre noch das Gezeter und die verletzenden Worte meiner Verwandten. Fühle noch das Klopfen meines Herzens und den Schmerz tief darin. Und dann dieser Gedanke, der immer wiederkehrte: Wenn das Baby sterben soll, dann ich auch.

DIE ENTDECKUNG DER LIEBE

Aber wie?

In den einsamen Stunden, in denen niemand mit mir sprach, hatte ich viel Zeit, darüber nachzudenken. Und irgendwann hatte ich schließlich einen Plan.

Bei uns in der Wohnung gab es ab und zu Mäuse, gegen die meine Mutter mit Gift vorging. Ich wusste genau, wo ich suchen musste. Im Flur hatten wir einen sehr hübschen Schuhschrank, auf dem ein paar kleine Köfferchen standen. Und in einem der Koffer, ganz rechts hinten, fand ich die Flasche mit dem Gift. Das war die Lösung. Ich würde das Mäusegift einnehmen. Dann würde ich sterben und alles wäre vorbei.

Und so tat ich es dann auch. Trank die Flasche in einem Zug leer. Wartete, dass etwas passierte. Aber es passierte nichts. Ich war enttäuscht: Was, wenn das Gift nicht wirkte? Ich hatte mir vorgestellt, dass ich auf der Stelle tot umfallen würde. Und nun das. Ich wartete noch eine Weile, dann ging ich um das Haus herum in den Hof. Dort hatte eine Nachbarsfrau ihre Matte ausgerollt und versuchte, ihren Mittagsschlaf zu machen. Ich legte mich einfach zu ihr. Irgendwann begann das Gift zu wirken.

Diese Frau, Akuavi war ihr Name, merkte, dass mit mir etwas nicht stimmte. Ich wälzte mich herum, stöhnte. Akuavi schlug Alarm. Zum Glück war meine Mutter inzwischen nachhause gekommen.

»Hilfe«, schrie Akuavi, »das Mädchen stirbt!«

Da lief die ganze Nachbarschaft zusammen.

Aus meinem Mund lief weißer Speichel, was sie auf den Gedanken brachte, ich könnte etwas genommen haben. Meine Mutter rannte sofort zu dem Schuhschrank, sah nach dem Mäusegift und fand die leere Flasche. Ich hatte inzwischen das Bewusstsein verloren, schlug um mich und war so stark geworden, dass mich sechs Männer festhalten mussten. Dann flößten sie mir Palmnussöl ein, ein Hausmittel, das bei Vergiftungen eine heilende Wirkung entfaltet. Sie gaben mir davon so viel wie möglich, und obwohl ich mich wehrte, brachten sie mich dazu, eine Menge zu schlucken. Hinterher waren alle Stoffe rot von diesem Öl.

Ganz in der Nähe gab es eine private Klinik, in die sie mich zunächst brachten. Als der Arzt mich sah, sagte er: »Nein, bringt das Mädchen bitte in ein Krankenhaus.« Meine Mutter war mit den Nerven vollkommen fertig.

Im Krankenhaus, dem Korle Bu Teaching Hospital, mussten sie mich zunächst an ein Bett binden, sonst hätten sie mich gar nicht behandeln können, so sehr schlug ich selbst bewusstlos um mich. Sie hatten mich derart stark an Armen und Beinen gefesselt, dass ich noch Jahre später Schmerzen in den Gelenken hatte. Dann pumpten sie mir den Magen leer. Mir wurde erzählt, dass man durch die durchsichtige Kanüle genau gesehen hätte, wie das Gift aus mir herausgeflossen kam.

Ich lag im Koma. Wie lange, weiß ich nicht: mehrere Tage, vielleicht auch Wochen. Niemand gab mir eine Überlebenschance. Sie hatten mich auf die Sterbestation gelegt, auf der sich zehn Todeskandidaten befanden. Kaum jemand kam dort lebend heraus. Für mich hatten sie alle Hoffnungen aufgegeben.

Mein Selbstmordversuch war ein Riesenskandal. Jeder wusste, dass mich meine Mutter zu diesem Schritt getrieben hatte. Alle hatten zugesehen, aber auf einmal war meine Mutter die Böse. Denn in unserer Kultur gibt es kein schlimmeres Unglück als den Tod einer Schwangeren. Eine Schwangere darf nicht sterben. Sonst muss die Familie viele Rituale vollziehen, um dieses Unglück zu sühnen. So will es die Tradition. Wenn die Schwangere auch noch selbst Hand an sich legt, ist das Ganze noch viel schwerwiegender. Nun ging es im ganzen Viertel herum: Harriet war schwanger und wollte sich töten – und ihre Mutter war schuld daran.

Hatte sich vorher niemand um mein Leid geschert, ja, waren sich alle einig gewesen, dass ich mein Kind abtreiben sollte, so war ich auf einmal der Mittelpunkt unserer beiden Familien. Vor allem die Vaterseite war aufgeschreckt. Eine junge schwangere Ashanti lag im Sterben, durch ihre eigene Mutter – eine Ga – in den Tod getrieben! Das war im Glauben meiner Verwandten ein schweres Vergehen, das sie nicht so einfach hinnehmen würden. Während ich in einem todesähnlichen Schlaf lag, machte sich daher in Agogo-Hwidiem, der Heimat meines Vaters, eine Delegation auf den weiten Weg, um nach mir zu sehen und meine Mutter zur Rechenschaft zu ziehen und zu bestrafen, sollte es mir nicht gut gehen.

Meine Mutter hatte also allen Grund, an meinem Krankenbett um meine Genesung zu beten. Zu der Angst um die Tochter gesellte sich die Furcht vor Misshandlungen durch die Schwiegerfamilie. Seit Wochen hatten ihr die eigenen Verwandten zugesetzt und nun mischten sich auch noch die verhassten Ashanti ein, die sie von Anfang an nicht akzeptiert hatten und nur auf eine Gelegenheit wie diese zu warten schienen, um ihr zu schaden. Meine Mutter wusste, dass sie mit schweren Misshandlungen rechnen musste, und fürchtete sich sehr. Schließlich traf die Abordnung aus Hwidiem ein, eine große Gruppe von finster blickenden Ashanti. Sie versammelten sich um mein Krankenhausbett und starrten dieses junge schöne Mädchen an, das wie tot dalag. Hoch wölbte sich der Bauch der Schwangeren unter der leichten Decke. Das Mädchen war bleich. Sie waren sich einig: Akosua Dansowaa Ani-Agyei würde wohl nie wieder zum Leben erwachen.

Womit niemand mehr gerechnet hatte, wurde schließlich wahr. Es grenzte an ein Wunder: Genau in dem Moment, als alle die Hoffnung aufgeben wollten, um sich in ihrem Zorn meiner Mutter zuzuwenden, wachte ich auf. Ich schlug die Augen auf und das Erste, was ich erblickte, waren diese unglaublich vielen Menschen, die um mein Bett versammelt waren und mich anstarrten. Sie sahen komisch aus, als gingen lauter Zickzacklinien durch ihre Körper hindurch. Das Nächste, das ich wahrnahm, war lautes Singen. »Halleluja, Halleluja, praise the Lord ...«, ich erkannte die Stimme meiner Mutter.

Ja, sie konnte dem Herrn wirklich dankbar sein. Nicht nur, dass ihre Tochter von den Toten auferstanden war, der Lobgesang meiner Mutter war auch ein deutlicher Hinweis an die Adresse der Schwiegerfamilie: »Halleluja, Halleluja, jetzt könnt ihr mir nichts mehr tun!«

Mir war das alles egal. Mich interessierte nur mein Baby. Niemand glaubte, dass es die Vergiftung überlebt haben könnte. Wenigstens, so dachten wohl alle, ist das Kind weg. Doch während meine Mutter ihr Halleluja sang, bewegte sich in meinem Bauch mein Baby. Alle starrten auf das Leintuch über meinem Körper, das Zucken war einfach nicht zu übersehen, und bestaunten nach meinem Erwachen das zweite Wunder: Mein Baby war gesund und munter. Ich hatte mit ihm sterben wollen. Es hatte mit mir den Weg ins Leben zurückgefunden.

Ich musste noch eine Weile im Krankenhaus bleiben, bis ich wieder bei Kräften war. Sie hielten mich weiterhin gefesselt, wohl aus Furcht, ich könnte mir gleich wieder etwas antun. Und noch immer lag ich in diesem schrecklichen Sterbezimmer.

Von zehn Patienten starben in diesen Tagen acht. Jeden Morgen kam Krankenhauspersonal und zog das Leintuch über die Gesichter derjenigen, welche die Nacht nicht überlebt hatten. Nur ein anderes junges Mädchen und ich verließen dieses Sterbezimmer lebend.

Vor meiner Entlassung aus dem Krankenhaus baten die Ärzte meine Eltern zu einem Gespräch. Sie erklärten ihnen, dass der erste Selbstmordversuch selten gelinge, doch schon diesen hätte ich recht klug ausgeführt und wäre um ein Haar gestorben. Man müsse damit rechnen, dass ich beim zweiten Versuch Erfolg haben würde. Darum sollte meine Mutter nicht mehr mit mir streiten, sondern sich meinen Herzenswünschen fügen.

Das gab meinen Eltern zu denken. Und so kamen sie eines Tages und besprachen mit mir, wie es weitergehen sollte.

»Harriet«, begann mein Vater, »möchtest du wieder in Adabraka bei uns im Haus wohnen?«

Ich schüttelte heftig den Kopf. Kämpfte mit den Tränen. Sprechen konnte ich nicht. Die Vorstellung, wieder in dieses Haus zurückzukehren, in dem ich so verzweifelt gewesen war, schien mir unerträglich. Ich wusste, dass die Nachbarn nach diesem Skandal keine Ruhe geben würden. Keine meiner früheren Freundinnen wollte noch etwas mit mir zu tun haben. Wie eine Aussätzige würde ich dort die restlichen Schwangerschaftswochen verbringen. Das wollte ich nicht. Auf gar keinen Fall.

»Wo möchtest du dann hin?«

Ich schluckte meine Tränen hinunter und räusperte mich. Dann sah ich meine Eltern an. Mein Vater blickte schweigend auf seine Hände. Im Gesicht meiner Mutter konnte ich die Spuren der vergangenen Ereignisse deutlich lesen. Auch sie hatte schwer gelitten. Es wurde Zeit, dass wir Frieden schlossen.

»Ich möchte in Bukom bei meiner Oma wohnen«, sagte ich, »bis mein Kind zur Welt kommt.«

Meine Mutter nahm mich in die Arme. Ich fühlte, dass es ihr leidtat. Sie bereute es, sich mir gegenüber so schlecht verhalten zu haben. Sie wusste, dass ich es bei ihrer Mutter gut haben würde. Schon als Baby war ich, wenn es mir schlecht gegangen war, in Bukom gewesen. Es schien mir daher nur logisch, dass ich auch mein Kind dort zur Welt bringen sollte.

In Bukom wurden tagtäglich Babys geboren, da scherte sich niemand um meine Schwangerschaft und die privaten Details. Hier sah man nicht auf mich herab, ich hatte meinen Frieden. So zog ich in das winzige Haus meiner Oma, das eigentlich nur aus einem engen Flur und einem Zimmer bestand. Wie in Kindertagen erhielt ich das einzige Bett und die Zuwendung meiner Großmutter.

In diesen Wochen bis zur Geburt hatte ich nach langer Zeit wieder einmal ausführlich Gelegenheit, das Leben im Slum zu studieren. Nun war ich nicht mehr die kleine Besucherin, die das Wochenende über hereinschneite, um am Sonntagabend wieder in ihre heile Adabraka-Welt zu verschwinden. Ich war jetzt eines von vielen schwangeren Mädchen, die – solange es möglich war – im Haushalt halfen und kleinere Kinder beaufsichtigten, um den Rest der Zeit mit ihren dicken Bäuchen vor den Häusern zu sitzen und mit den Nachbarn zu schwatzen. Die meisten anderen schwangeren Mädchen waren mit ihren 13, 14 Jahren viel jünger als ich. Viele von ihnen kannte ich von klein auf. Ich wusste, wie ihre Kindheit verlaufen war, und machte mir keine Illusionen: Mir wäre es genauso ergangen, hätte ich nicht die Möglichkeit gehabt, eine Schule zu besuchen. Wieder dachte ich darüber nach, wie ich diesen Kindern einmal helfen könnte. Später, wenn ich die Möglichkeit dazu hatte.

So vergingen die Wochen. Und dann, am 27. April 1985, war es so weit. Ich werde die Schmerzen nie vergessen, als die Wehen endlich einsetzten. Ich war ein junges Mädchen und hatte nicht die geringste Ahnung, wie man ein Baby bekommt! Meine Oma und die anderen Frauen blieben völlig gelassen und ließen mich zunächst einfach liegen. Von morgens acht Uhr bis nachmittags um fünf steigerten sich diese Schmerzen, und die Frauen ließen mich einfach allein. Ich schrie und weinte, doch sie waren der Meinung, dass ich da durchmüsste, damit sich die Geburt ganz natürlich entwickeln könnte. Bringt man eine Gebärende zu früh zum Arzt, dann greift dieser mit einem Kaiserschnitt ein, davon war meine Oma überzeugt. Erträgt die werdende Mutter aber die Wehenschmerzen, dann öffnet sich der Körper von allein und die Geburt fällt umso leichter.

Schließlich schrie ich so laut, dass es niemand mehr überhören konnte, und meine Oma rief endlich ein Taxi. Das brachte

DIE ENTDECKUNG DER LIEBE

mich zu einer bekannten und vornehmen Hebamme, die schon mich auf die Welt gebracht hatte. In ihrer Geburtsklinik bekam ich meinen Sohn. Es war nicht einfach. Ich wusste nicht, was ich zu tun hatte, die Schmerzen überwältigten mich.

»Du musst drücken!«, befahl mir die Hebamme. »Na los!«

Ich versuchte es.

»Ich kann nicht«, keuchte ich.

Da stellte sie sich rittlings über mich, die Füße rechts und links von meinem Kopf, und drückte mit beiden Unterarmen gegen mein Brustbein und dann nach unten. So schob sie das Baby einfach aus mir heraus.

Nun also, nach so langen Monaten voller Kummer und Schmerz, lag mein Sohn in meinem Arm. Ich konnte es nicht fassen. Er war wunderschön und hatte unglaublich viele Haare, wie ich es noch nie an einem Baby gesehen hatte. Das Wichtigste war: Er hatte meinen Selbstmordversuch und das Gift völlig unbeschadet überstanden. Darum nannte ich ihn Bernard Emmanuel, was bedeutet: Wegen Gott lebe ich noch.

LICHT AM ENDE DES TUNNELS

Nachdem meine Mutter verstanden hatte, dass es mir mit dem Baby wirklich ernst war, schloss sie Frieden mit mir. Sie übernahm die Kosten für die Geburtsklinik und kam mich dort besuchen. Sie war ausgesprochen lieb zu mir. Und doch hatten die Ereignisse der letzten Monate etwas zwischen uns zerstört, was nicht mehr rückgängig zu machen war. Wir hatten in den Jahren danach ein gutes Verhältnis, aber so wie früher war es nicht mehr. Und später sollte es sich wieder ganz verschlechtern.

Als mein Baby untersucht worden war und ich mich von der Geburt erholt hatte, kehrte ich nach Bukom zurück. Ich stillte mein Kind, doch nicht lange. Schließlich war ich noch jung und wollte meine straffe Figur behalten. Während ich in Bukom war, nahm sich mein Vater eine zweite Frau. Vermutlich war er schon seit Jahren mit ihr zusammen gewesen, doch jetzt besaß er – aus unserer Sicht – die Dreistigkeit, diese Rivalin offiziell zu seiner Frau zu machen. Sicherlich steckte Tante Oforiwaa dahinter, denn ohne die Zustimmung seiner Familie hätte mein Vater diesen Schritt bestimmt nicht gewagt.

Meine Mutter war tief gekränkt. Sie wurde von dem Mann verlassen, den sie ein Leben lang geliebt und finanziert hatte. Und das ausgerechnet zu einer Zeit, in der sie seine Hilfe so dringend gebraucht hätte. Zudem ging es uns finanziell schlecht und mein Vater dachte nicht daran, uns zu unterstützen. Alles passierte auf einmal: Mein Vater zog zu seiner neuen Frau. Ich bekam mein Kind. Emily ging endgültig nach London. Und irgendwo dazwischen war noch meine fünfjährige Schwester Ama Tanowaa, die an ihrer seltsamen Krankheit litt und um die sich niemand richtig kümmerte.

Vaters neue Frau übte einen schlechten Einfluss auf ihn aus. Sie hatte ihre eigenen Pläne und beriet ihn schlecht. So viele Jahre hatte er nun schon bei Ghana Oil eine sichere Arbeitsstelle innegehabt und gutes Geld verdient. Nun überredete ihn seine neue Frau, zu kündigen, um alle Rentenansprüche und Versicherungsbeiträge einzukassieren, die Arbeitnehmern in Ghana nach ihrer Kündigung auf einen Schlag ausbezahlt werden.

Es handelte sich um eine beachtliche Summe, mit der die beiden ein eigenes Geschäft aufbauen wollten. An seine erste Familie dachte mein Vater nicht, was ich schließlich nicht mehr mit ansehen konnte. Ich stattete seiner neuen Frau einen Besuch ab und erklärte ihr in aller Deutlichkeit, wie schäbig sich mein Vater ihretwegen verhielt. Mein Auftritt zeigte Wirkung: Mein Vater kam seinen Pflichten seiner ersten Familie gegenüber wieder nach. Zumindest für eine Weile.

Auch ich hatte meine Sorgen. Sosehr ich mich über meinen kleinen Sohn freute, so musste ich mich doch dringend mit der Frage auseinandersetzen, was jetzt geschehen sollte. Ich wollte wieder zur Schule gehen, das war klar. Das kostete Geld. Geld, das ich nicht besaß.

Außerdem hatte der Junge schließlich auch einen Vater. Der wiederum saß in London und schlug sich mit der Frage herum, ob mein Baby wirklich sein Sohn sei. Fast ein Jahr hatte sich Anthony nicht gemeldet. Als er wieder anrief, entschuldigte er sein langes Schweigen damit, dass er in London »große Schwierigkeiten« gehabt hätte. Mehr verriet er nicht. Ich verstand auch so, welcher Art diese Schwierigkeiten waren. Er hatte Ärger mit der Frau gehabt, mit der er dort lebte. Sie hatte erfahren, dass er seit Jahren ein Doppelleben führte mit einer Familie in London und einer Geliebten in Ghana. Offenbar hatte er die Londoner Beziehung nun endlich beendet und kam nach Ghana, um mich zu besuchen. Da war Bernard bereits ein Jahr alt.

Kommt bei uns ein Kind auf die Welt, dann gibt es normalerweise am siebten Tag nach der Geburt ein wichtiges Ritual. An diesem Tag muss der Vater erscheinen und dem Kind den Namen geben – seinen afrikanischen Namen, den jeder bei uns neben dem christlichen oder europäischen trägt. Gleichzeitig erkennt der Mann damit in aller Form und vor aller Welt seine Vaterschaft an, weshalb dieses Fest so bedeutsam ist. Auf Ga heißt es *Kpodjiemo*, das bedeutet auf Englisch so viel wie »Outdooring« oder auf Deutsch »Rausholen«, »In die Welt bringen«. Auf Twi, der Sprache der Ashanti, spricht man von *Ebadintuo*, »Kindsbenennung«.

Die ersten sieben Tage darf das Neugeborene das Haus nicht verlassen und keine Sonne sehen und wer die afrikanische Sonne kennt, der versteht, warum man dies für gefährlich hält. Dann, am siebten Tag, kleiden sich alle in Weiß, die Farbe des Sieges. Schließlich hat die Mutter nach neun Monaten Schwangerschaft die Probleme der Geburt besiegt und ein Kind zur Welt gebracht. Frühmorgens trägt man das Baby zur Vaterfamilie, wo es der Vater nackt auf die bloße Erde legt.

Nun beginnt das Ritual: Man gibt dem Säugling etwas in den Mund, legt die Finger auf seine Augen, dann auf die Ohren. Dabei spricht man rituelle Texte. Das Neugeborene soll durch diese Handlungen ein guter, diskreter Mensch werden, kein Plappermaul, das durch sein Gerede Unruhe in die Welt bringt. »Was für die Augen ist, sei für die Augen, nicht für den Mund. Was für die Ohren ist, sei für die Ohren, nicht für den Mund.« Und so weiter.

Natürlich war auch bei mir sieben Tage nach meiner Geburt dieses Ritual durchgeführt worden. Mein Vater hatte bereits einen Namen und aus der Verwandtschaft eine Person voller guter Eigenschaften ausgewählt. Man glaubt, dass das Kind Charakter und Wesenszüge desjenigen annimmt, der das Ritual vollzieht. Bei mir hatte diese Aufgabe eine äußerst starke Tante übernommen und tatsächlich bin ich ihr sehr ähnlich geworden. Es scheint also zu funktionieren.

Zur Zeremonie gehört auch, dass man aus einer Kalebasse Wasser auf das Kind spritzt, ähnlich wie bei der christlichen Taufe. Anschließend wird der Name ausgesprochen.

Der Name, den mein Vater für mich ausgesucht und mit dem die Tante mich benannt hatte, lautet Dansowaa, was »Dansoua« gesprochen wird. Jedes Kind erhält außerdem noch einen Namen nach dem Wochentag der Geburt, und da ich an einem Sonntag geboren worden bin, heiße ich Akosua. Natürlich haben wir alle, seit die Briten in Ghana gewesen waren, auch einen englischen Vornamen, meiner lautete ursprünglich Grace. So hieß ich als Kind mit vollem Namen Grace Akosua Dansowaa Ani-Agyei (sprich: Anjadschej). Nenne ich meinen afrikanischen Vornamen, weiß in Ghana jeder sofort, dass ich eine Ashanti bin, denn diese Namen enden alle auf -owaa.

Und warum heiße ich heute Harriet? Das kam so: Meine ganze Kindheit über hatte ich den Namen Grace oder Dansowaa getragen. Aber als ich zwölf Jahre alt war, hatte meine Mutter, damals noch Makola-Marktfrau, eine Freundin und wichtige

Geschäftspartnerin, von der sie mit Geheimtipps und Waren versorgt wurde und die Harriet hieß. Ihr zu Ehren beschloss meine Mutter eines Tages, mich kurzerhand umzubenennen. Ich war darüber hocherfreut, denn damals hieß jedes zweite Mädchen Grace und ich hasste diesen Namen. Harriet dagegen war äußerst selten, also durchaus etwas Besonderes. Von da an war ich Harriet und noch heute gefällt mir dieser Name außerordentlich gut.

Nach der Namensgebungszeremonie wird ein großes Fest veranstaltet – je größer, desto besser. Afrikaner achten sehr darauf, ob eine Familie in der Lage ist, bei Gelegenheiten wie einer Hochzeit, Namensgebung und Beerdigung eine große Feier auszurichten, und viele Familien machen hohe Schulden, um die Erwartungen nicht zu enttäuschen. Manchmal braucht eine Familie länger als sieben Tage, um dieses Fest standesgemäß vorzubereiten. Dann werden die Feierlichkeiten verschoben und erst ein paar Wochen oder gar Monate später nachgeholt. Die Namensgebung selbst aber muss unter allen Umständen genau am siebten Tag nach der Geburt stattfinden, da gibt es keinen Aufschub. Alle Welt schaut darauf, ob der Vater tatsächlich das Kind anerkennt, das dann automatisch den Nachnamen des Vaters erhält, selbst wenn die Eltern nicht verheiratet sind.

Als mein Sohn geboren worden war, erschien nach der üblichen Frist kein Vater. Das war selbst in Bukom ein kleiner Skandal. Wenn die Mädchen dort auch oft schon im Alter von 14 Jahren ihr erstes Kind bekommen, so haben die meisten doch einen sich zur Vaterschaft bekennenden Mann, der nach sieben Tagen kommt, um das Ritual zu vollziehen. Ich aber hatte keinen.

Ich tat so, als wäre mir das egal. In Wirklichkeit hat es mich sehr verletzt, dass der Mann, den ich so liebte, ausgerechnet in dieser Zeit nicht bei mir war und zu mir hielt. Hätte er nicht kommen können? Sicherlich wäre es möglich gewesen, wenn er nur gewollt hätte. Auch wenn ich darüber traurig war, ich zeigte es niemandem. Ich nannte mein Kind Bernard Emmanuel und kümmerte mich nicht um das Gerede der Frauen. Da er an einem Sonntag geboren wurde, heißt er außerdem Paa Kwesi.

Traditionell gibt es nach einer Geburt Geschenke in Hülle und Fülle, kostbare afrikanische Stoffe und vor allem Geld. So viel Geld, dass manch kurzsichtiges junges Paare ein Kind nach dem anderen in die Welt setzt und sich mit diesen Geldgeschenken von Schwangerschaft zu Schwangerschaft über Wasser hält. Dass diese Kinder aber wachsen, dass sie ernährt, gekleidet und später zur Schule geschickt werden müssen, daran denken solche Leute nicht.

Bei mir gab es zwar keinen Kindsvater und damit kein echtes Outdooring-Fest, dennoch waren alle in Feierlaune. Obwohl es in Bukom so viele Kinder gibt, bedeutet das Wunder einer Geburt für die Menschen dennoch eine freudige Abwechslung in ihrem Dasein. So wurde auch nach Bernards Geburt gefeiert und meine Mutter sorgte dafür, dass die Leute mitbekamen, wie gut gestellt meine Familie war.

Es war eine groteske Situation. Ich lebte in Bukom, stammte aber aus einer vergleichsweise wohlhabenden Familie. Meine Mutter besaß, wie alle Ghanaerinnen, die es sich leisten können und etwas auf sich halten, Unmengen von kostbaren afrikanischen Stoffen. Auch ich bekam die traditionellen Geburtsbesuche, erhielt Geldgeschenke und teure Stoffe. Meine Mutter erwartete, dass ich diese auch tragen würde. Als wollte sie ihren armen Verwandten in Bukom beweisen, dass ich zu meinem Kind zwar keinen Vater vorweisen konnte, dennoch aber gutsituiert war.

Die Tradition schreibt vor, dass die junge Mutter nach einer Geburt sechs Monate lang Weiß trägt. Ich fand das lächerlich und unpraktisch, doch meine Mutter regte sich fürchterlich auf und ermahnte mich, ich würde die ganze Familie blamieren. Schließlich gab ich nach und trug tatsächlich ungefähr eine Woche lang Weiß. Aber irgendwann setzte ich mich auf den Boden und verdarb die ganze Pracht. Meine Großmutter musste alles wieder waschen und ich beschloss, dass die weißen Stoffe ruhig wieder in den Schrank wandern konnten.

Nach dieser Halbjahresfrist muss die Mutter dann wieder farbige Stoffe tragen und dazu schweren Goldschmuck, damit die Leute wissen, was man hat. Natürlich besaß meine Mutter Goldschmuck, den sie selbst nicht trug, sondern in einer Kassette aufbewahrte. Den brachte sie mir, als Bernard sechs Monate alt war, und erwartete, dass ich ihn tragen sollte. Ich sollte im Slum Goldschmuck tragen! Natürlich weigerte ich mich, womit ich meine Mutter unglücklich machte. Früher war ich ihre Puppe gewesen. Doch diese Zeiten waren ein für alle Mal vorbei. Außerdem hatte ich ganz andere Sorgen, als mit geliehenem Goldschmuck durch das Armenviertel zu stolzieren.

Ich hatte beschlossen, wieder zur Schule zu gehen. Meine Oma bot sich an, den kleinen Bernard großzuziehen, damit ich meine Ausbildung beenden konnte. Das ist in Ghana durchaus üblich: Wichtig ist, dass die Kinder es gut haben. Bei meiner Großmutter wusste ich meinen Sohn in den besten Händen.

Ich war zu dem Schluss gekommen, dass aus der Sache mit der Pilotin nichts mehr werden konnte, immerhin hatte ich ein Jahr Schule versäumt. Daher beschloss ich, eine gehobene Position in einer Bank anzustreben. Dazu erschien es mir am besten, statt des Abiturs einen Abschluss an einer Wirtschaftsfachschule zu machen. Ich meldete mich an der Royal Academy of Accountancy an, wo ich innerhalb von zwei Jahren eine Art Fachhochschulreife mit besonderen Qualifikationen in Wirtschaftsfächern ablegen konnte.

Ich merkte, dass ich Bukom verlassen musste, wollte ich nicht meine Perspektiven verlieren. Niemals habe ich es so deutlich gespürt wie in den Wochen nach Bernards Geburt, dass die Umgebung den Charakter maßgeblich prägt. Bis heute ist diese Erfahrung für meine Arbeit bei *African Angel* von größter Bedeutung. Ich habe am eigenen Leib erfahren, wie wichtig eine fördernde Umgebung für die Entwicklung ist. In jenen Wochen hatte ich gelernt: Wollte ich einmal den Kindern in Bukom wirklich helfen, dann müsste ich dafür sorgen, dass sie dieses Umfeld verlassen können.

Besonders an eine Begebenheit erinnere ich mich noch genau. Bernard hatte von meiner Mutter ein äußerst schönes Spielzeug bekommen. Auf einmal war es verschwunden. So ist das in Bukom; nichts ist abschließbar, man lebt mit den Nachbarn auf engstem Raum, eine Wohnung geht in die nächste über. Damals packte mich eine heilige Wut: Dann gehe ich eben zum Voodoo-Priester, dachte ich, und finde heraus, wer das genommen hat. Da wurde mir klar, dass meine Tage in Bukom gezählt waren. Voodoo? Wegen eines gestohlenen Kinderspielzeugs? War es schon so weit mit mir gekommen? Auf diese Weise hatte ich selbst erlebt, wie sich in einer Umgebung, in der die Menschen beim kleinsten Anlass auf Voodoo-Praktiken zurückgreifen, ganz allmählich die Werte verschieben.

Nachdem ich mich bei der Wirtschaftsschule eingeschrieben hatte, zog ich wieder in die Wohnung in Adabraka zurück. Im winzigen Haus meiner Großmutter, in dem es zuging wie in einem Taubenschlag, hätte ich nicht vernünftig lernen können. Die Wohnung, in der ich groß geworden war, stand inzwischen so gut wie leer, denn mein Vater wohnte bei seiner neuen Frau und kam nur selten zurück und meine Mutter hatte sich ein eigenes Haus gebaut. Ich habe keine Ahnung, wie sie das geschafft hatte. Es war noch nicht fertig gewesen, als sie dort einzog. Es war ihr Stolz, der sie dazu trieb, schließlich hatte ihre Rivalin auch ein Haus. Da konnte sie nicht hintanstehen, auch wenn sie sich für diese Eitelkeit verschulden musste.

Meine Oma betreute den kleinen Bernard und ich ging wieder zur Schule. Leider erwies sich die Entscheidung für die Wirtschaftsschule als ein Fehler. Von Anfang an war ich die Beste dort und hatte keinerlei Konkurrenz. Um es zusammenzufassen: Ich war hoffnungslos unterfordert. Ich zog aus diesem

Umstand die Konsequenzen und beschloss, das Abitur nachzuholen. Ich war inzwischen Anfang 20, doch fest entschlossen, meinen Weg zu gehen. Schließlich müssen nicht alle Lebenslinien gerade verlaufen. Unsere Familie war auseinandergerissen, jeder folgte seiner eigenen Spur. Ich sprach mit einem Onkel, dem mein Vater einst eine Stelle bei Ghana Oil verschafft hatte, und überzeugte ihn davon, dass es gut angelegtes Geld war, mir das Abitur zu finanzieren.

An mein altes Gymnasium wollte ich nicht mehr zurück. Dort kannte jeder meine Geschichte. Ich wollte weg, weit genug weg, um neu anfangen zu können. Darum meldete ich mich in einem Internat in der Kleinstadt Somanya an, die eine gute Autostunde von Accra entfernt liegt. Dort wusste niemand, dass ich bereits Mutter war. Ich wollte endlich nachholen, was ich versäumt hatte: eine unbeschwerte Schulzeit.

Ich bin meinem Onkel und allen anderen, die dabei geholfen haben, diese drei Schuljahre zu finanzieren, heute noch dankbar. Sobald ich die Möglichkeit hatte, habe ich die Kinder meines Onkels unterstützt, was sich bis heute nicht geändert hat.

Es tat gut, nach dem Drama um meine Schwangerschaft und der Geburt ein wenig von dem sorglosen Leben einer Gymnasiastin nachzuholen. Im Internat hielt ich geheim, dass ich bereits ein Kind hatte. Die anderen Mädchen hätten mich sonst nicht akzeptiert und mich ausgeschlossen. Ich wollte so gerne endlich wieder dazugehören. In Afrika sind die einzelnen Lebensabschnitte viel stärker voneinander getrennt als in Europa. Bekommt bei uns ein Mädchen ein Kind, dann wechselt sie in den Status einer »Mama« und kann nicht einfach so in das Leben einer Schülerin zurückkehren.

Also führte ich eine Art Doppelleben: In der Schule war ich eine unbekümmerte junge Frau, die sich in nichts von den anderen unterschied. In den Ferien war ich in Bukom Bernards Mama. Auch von der Schule aus organisierte ich seine Betreuung. Sobald mein Sohn das entsprechende Alter erreicht hatte, suchte ich für ihn einen Platz in einem guten Kindergarten und bezahlte ein Taxi, das ihn täglich rechtzeitig dorthin brachte. Im Internat merkte niemand etwas von meinen zwei Rollen, auch unter der Dusche sah man mir nichts an; mein Körper war rank und schlank wie vor der Geburt, ich hatte keine Schwangerschaftsstreifen oder sonstige Anzeichen einer Mutterschaft.

Ich war eine der wildesten Schülerinnen, das gebe ich gerne zu. Meine Freundinnen und ich hatten nichts als Blödsinn im Kopf, es gab sicherlich kein Verbot, das wir nicht übertraten. Besonders beliebt waren unsere kleinen Fluchten quer durch den Busch zur nächsten Kneipe, der »Sra Memorial Bar«. Ausgerechnet der Besitzer der Bar war einer unserer Lehrer, doch er hat uns nie verpfiffen. Er brachte uns sogar heimlich Bier ins Internat mit. Einmal wäre ich bei einem dieser verbotenen Abstecher zur Bar fast über eine Schlange gestolpert. In Europa denken alle, als Afrikaner sei man mit wilden Tieren aufgewachsen. Diese Schlange war jedoch das einzige »wilde« Tier, das ich jemals zu Gesicht bekam.

An die Zeit im Internat denke ich gerne zurück. Wir hatten unglaublich viel Spaß miteinander. Wir rauchten Zigaretten, die eine Mitschülerin von ihrem Bruder bekommen hatte, und vergruben die Reste im Gemüsebeet. Obwohl das Kochen in den Schlafsälen nicht erlaubt war, hatte ich alles, was ich brauchte, um mir mein Lieblingsessen zu brutzeln – auch streng verbotene Elektrogeräte, welche die Stromversorgung regelmäßig lahmlegten. Nachdem die Sicherung das erste Mal herausgesprungen war, musste ein Elektriker geholt werden. Während der alles wieder in Ordnung brachte, stand ich unter seiner Trittleiter und beobachtete jeden seiner Handgriffe ganz genau. Wenn die Sicherung von da an wieder einmal den Geist aufgegeben hatte, fügte ich die Drähte selbst wieder zusammen. So kam uns niemand auf die Schliche. 24 Mädchen teilten sich einen Schlafsaal und mein Bett war fast ganz hinten im Eck, weit entfernt von den Kontrollgängen der Hausmeisterin, mit der ich ständig im Clinch lag.

»Ich werde dafür sorgen, dass du von dieser Schule fliegst!«, drohte sie mir einmal an.

»Das werden wir schon sehen«, antwortete ich.

Und obwohl ich keinen Streich ausgelassen habe, ist es ihr nie gelungen, mich auf frischer Tat zu ertappen.

So fröhlich und ausgelassen ich auch war, immer wieder überfiel mich die Sehnsucht nach meinem Sohn. Ich wusste ihn bei meiner Großmutter in den besten Händen, und dennoch tat es weh, ihn nicht einfach in die Arme nehmen zu können, wenn mir danach war. Die bitteren Erfahrungen der Schwangerschaft hatten ihre Spuren hinterlassen und konnten mich von einem Augenblick auf den anderen in tiefe Traurigkeit stürzen. Das machte mich, obwohl ich alles dafür tat, dass es nicht so war, indirekt doch zu einer Außenseiterin. Es gab niemanden, mit dem ich über diese Dinge hätte sprechen können. Und so verbarg ich sie noch tiefer in meinem Herzen und machte umso waghalsigere Streiche.

Ein Jahr nach Bernards Geburt war Anthony endlich nach Ghana zurückgekommen. Er hatte beschlossen, mir zu glauben, und erkannte Bernard als seinen Sohn an. Wir holten nach, was sieben Tage nach der Geburt versäumt worden war. Es war eine kleine feierliche Zeremonie, die in Bukom im Haus meiner Großmutter stattfand. Auch wenn man das Outdooring eigentlich nicht nachholen kann, war mir diese Feier sehr wichtig, damit die Schande aufgehoben wurde und Bernard ein Kind mit einem Vater war. Als Anthony den Namen seines Sohnes aussprach, waren alle Nachbarn und Verwandten anwesend. Damals hat Anthony seinen Sohn zum ersten Mal gesehen.

Anthony unterstützte uns fortan auch finanziell. Dennoch hat Bernard niemals mit uns zusammengelebt. Als er vier Jahre alt war, nahm meine Mutter ihn zu sich. Bei ihr wuchs er mit meiner kleinen Schwester Ama Tanowaa auf, die keine fünf Jahre älter war als er. Bernard dachte lange, sie beide seien Geschwister.

Ich hatte noch zwei Jahre Gymnasium vor mir. Was auch geschehen war: Anthony war nach wie vor meine große Liebe. Seine »Londoner Schwierigkeiten« seien ein für alle Mal überwunden, sagte er. Er liebe niemanden auf der Welt so wie mich. Das wollte ich ihm zu gerne glauben.

Trotz all des Blödsinns, den ich angestellt, trotz meines Doppellebens und der vielen Gedanken, die ich mir um Bernard und Anthony gemacht hatte, ist mein Abitur eines der besten meines Jahrgangs gewesen. Ich hatte meine Begabung für Computer entdeckt und erkannt, dass ihnen die Zukunft gehörte. Ich wollte Programmiererin werden, damit die Zukunft auch mir gehörte.

IV. DEM ERFOLG AUF DER SPUR

UNVERSCHÄMTES GLÜCK

Ich war sehr glücklich darüber, dass Anthony, Bernard und ich endlich eine Art Familie waren, auch wenn wir immer noch nicht zusammenlebten. Anthony war weiterhin in London, besuchte mich aber wieder regelmäßig. Nach bestandenem Abitur kehrte ich nach Accra zurück, wo ich am West Africa Computer Science Institute eine einjährige Ausbildung zur Programmiererin machte. Anthony fand das gut und unterstützte mich in dieser Zeit finanziell.

Wie er sein Geld eigentlich verdiente, hat Anthony mir nie genau erzählt. Seine Familie war überaus einflussreich, viele seiner Verwandten bekleideten politische Ämter und tun dies noch heute. Es hat ihm nicht an Kontakten gemangelt und für die Details interessierte ich mich nicht.

Wie jeder tüchtige Afrikaner hatte auch Anthony stets mehrere Eisen im Feuer. Immer öfter flog er nun nach Deutschland, um dort Gebrauchtwagen aufzukaufen und nach Accra zu verschiffen. Das war ein einträgliches Geschäft und hatte den Vorteil, dass wir regelmäßig einen tollen Wagen fahren konnten, bevor dieser seinen Käufer erreichte. Einmal unternahm Anthony mit mir eine Spritztour in einem besonders schicken BMW, der bereits verkauft war, und baute einen Unfall. Anthony hatte eine Menge Ärger, bis der Kunde schließlich einen angemessenen Ersatz erhielt. Auch heutzutage kommen viele ausrangierte Autos aus Deutschland nach Accra. Darunter Lkw und Lieferwagen, die man im Straßenverkehr leicht erkennt, weil sich niemand die Mühe macht, die ursprünglichen Aufschriften zu übermalen. So fährt dann ein Lieferwagen von einer Fensterfirma aus dem Schwäbischen auf den Straßen umher und kreuzt dabei zum Beispiel einen mit Kokosnüssen vollbeladenen Lkw einer norddeutschen Schreinerei.

Anthony nahm an meinem Werdegang großen Anteil. Er wollte alles wissen: was ich dachte, was ich tat, mit wem ich mich traf, woran ich gerade arbeitete. Noch nie hatte sich jemand so sehr für mich interessiert. Meine Pläne, in die Computerbranche einzusteigen, gefielen ihm. Während meiner Ausbildung zur Programmiererin sagte er mir oft, wie stolz er auf mich sei. Das spornte mich noch mehr an.

Für mich ist diese Phase meines Lebens eine überaus glückliche Zeit gewesen. Die Computerarbeit machte mir Spaß, ich hatte wirklich ein Händchen fürs Programmieren. Wenn ich einmal die Lösung für eine Aufgabenstellung nicht gleich fand, konnte ich nächtelang nicht schlafen. In Projektgruppen arbeiteten wir gemeinsam an solchen Problemen und ich lernte dabei etwas, das mir heute noch weiterhilft, auch wenn ich schon lange nicht mehr mit Computern arbeite: Für jedes Problem gibt es eine Lösung. Das Problem enthält seine Lösung bereits in sich selbst. Das Kniffelige an der Arbeit beim Programmieren, das Tüfteln und Suchen nach der Lösung, hatte für mich einen ganz besonderen Reiz. Und so kam es schon mal vor, dass ich nachts aufstand, in die Schule fuhr, dort den Hausmeister herausklingelte und dazu überredete, mich in unsere Räume zu lassen, um weiterarbeiten und der Lösung damit einen Schritt näher kommen zu können. Und wie stolz war ich, wenn wir sie endlich gefunden hatten! Meine Lehrer schätzten mich. Einer sagte einmal:

»Wenn du hart arbeitest, kannst du es in dieser Branche weit bringen. Gib dich nicht mit dem Programmieren zufrieden«, riet er mir, »sondern mach weiter und werde Systemanalytikerin! Das ist ein Beruf mit Zukunft!«

Das war gut und schön, aber inzwischen war ich Mitte 20 und es wurde Zeit, dass ich mein eigenes Geld verdiente. Bernard ging bereits zur Schule, die finanziert werden musste. Meine Verwandten hatten mich seit Jahren unterstützt, damit ich meine Ausbildung beenden konnte, aber nun fühlte ich mich selbst in der Verantwortung. Und doch setzte sich dieser Gedanke in mir fest: Systemanalytikerin – das war es, was ich eigentlich werden wollte. Mein Leben lag schließlich noch vor mir. Ich hatte Zeit. Doch zunächst brauchte ich einen Job.

Ich schloss meine Ausbildung ab wie viele andere auch und machte mich daran, eine Stelle zu finden. Ein Vorhaben, das in Accra damals so gut wie aussichtslos war, verfügte man nicht über ausgezeichnete Kontakte. Mein Stolz verbot es mir, mich völlig von Anthony abhängig zu machen. In dieser Hinsicht schlug ich nach meiner Mutter, auch ich wollte so selbstständig wie nur möglich bleiben. Wir Afrikanerinnen wissen schließlich genau, dass wir uns im Ernstfall nur auf uns selbst verlassen können. Hatte ich nicht in der eigenen Familie gesehen, wie es einer Frau ergehen kann? Wer hätte je geglaubt, dass mein Vater meine Mutter in der schlimmsten Zeit ihres Lebens so im Stich lassen würde?

Diese Gedanken waren nicht ständig präsent. Es war einfach selbstverständlich für mich, dass ich für mich und mein Kind selbst sorgen würde, so wie es alle Frauen in meiner Familie getan hatten. Und ganz ohne persönliche Beziehungen stand ich schließlich auch nicht da. Der Bruder einer guten Freundin arbeitete bei der Eco Bank und trug mich auf der Bewerberliste an oberster Stelle ein. Dennoch war mir klar, dass es womöglich Jahre dauern könnte, bis ein passender Job frei würde. Wer in Ghana eine Stelle hat, der gibt sie nicht so schnell auf.

Und dann geschah das Unfassbare. Wie aus heiterem Himmel fiel mir ein wunderbarer Job direkt in den Schoß.

Ich war gerade beim Kochen, als das Glück zuschlug. Der Maniok köchelte vor sich hin, während ich mit anderen Mädchen im Garten unter unserem Baum saß und mit ihnen herumalberte. Wir machten Witze über die Leute, die vorübergingen, und vertrieben uns die Zeit. Da kam auf einmal eine meiner Freundinnen aus der Nachbarschaft angerannt und rief:

»He, Harriet, da sucht einer nach dir!«

Ich hatte keine Ahnung, wovon sie sprach.

»Was? Wer sucht nach mir?«

»Ein Weißer! In einem großen Auto!«

Die anderen Mädchen stießen sich mit den Ellenbogen in die Seiten, feixend und plappernd.

»Ein Weißer! Harriet, woher kennst du denn diesen Weißen? Was will der wohl von dir?«

Ich habe das alles zunächst überhaupt nicht ernst genommen, überzeugt davon, dass mich die Mädels auf den Arm nehmen wollten. Doch meine Freundin ließ nicht locker.

»Doch, Harriet, komm mit! Komm doch, lass uns nachsehen, wer das ist und was er von dir will!«

Ich gab schließlich nach. Und richtig, dort am Ende der Straße stand ein dickes Auto und ein großer schlanker Weißer in einem eleganten Sommeranzug sah sich unschlüssig um.

Ob ich Harriet Ani-Agyei sei, wollte er wissen.

»Ja«, sagte ich völlig perplex.

»Wir möchten Ihnen eine Stelle anbieten«, meinte dieser weiße Mann.

Ich dachte, ich träume. Die Mädchen um mich herum starrten mich mit offenem Mund an. Diese Harriet war für Überraschungen gut. Da zerbrachen sich alle den Kopf, wie sie am besten eine Arbeit finden könnten, und hier kommt ein Europäer extra im Wagen angefahren, um Harriet auf dem silbernen Tablett einen Job anzubieten. Doch ich blieb misstrauisch. Irgendeinen Haken musste die Sache doch haben.

»Wie kommen Sie denn ausgerechnet auf mich«, fragte ich. Der Mann sah auf einen Zettel, reichte ihn mir. Mein Name samt Adresse stand darauf.

»Sind Sie das?«

»Aber ja! Woher haben Sie die Angaben?«

»Von der Eco Bank. Die haben uns Sie empfohlen.«

Und dann erzählte er, dass er für eine deutsche Straßenbaufirma arbeite, die in Ghana große Staatsaufträge ausführe. Sie bräuchten eine Programmiererin und hätten sich deswegen mit ihrem Bankmanager beraten. Dort hätte man auf der Bewerberliste nachgesehen und meinen Namen, dank des Bruders meiner Freundin, an erster Stelle gefunden. Mir wurde klar: Wenn ich nicht schnell zugriff, dann würde die Nummer zwei auf der Liste diese Chance bekommen.

»Wann soll ich mich bei Ihnen vorstellen?«, fragte ich.

»Sofort«, war die Antwort. »Wenn Sie bereit sind, nehme ich Sie gleich zum Vorstellungsgespräch mit.«

Da blieb sogar mir die Spucke weg. Ich bat um fünf Minuten, in denen ich den Herd abschaltete und mich rasch umzog. Dann stieg ich in meinem schicksten Kostüm und auf hohen Hacken in den eleganten Wagen. Zurück blieben meine staunenden Nachbarinnen, die nicht so recht wussten, was sie von der ganzen Sache zu halten hatten, ob sie sich mit mir freuen oder eher neidisch sein sollten. Mir war klar, dass man über mich tratschen würde. Da steckte doch sicherlich etwas dahinter. Ohne Weiteres kam doch nicht einfach so das große Glück in einer Limousine angefahren. Harriet war allerhand zuzutrauen und die Klatschmäuler sollten lange Zeit nicht stillstehen.

Es gehört wohl zu meinem Schicksal, dass es in meinem Leben keine halben Sachen gibt. Entweder es wirft mir das große Los in den Schoß oder stößt mich ganz nach unten. Diesmal hatte es die Vorsehung gut mit mir gemeint.

Ich hatte das Vorstellungsgespräch mit Bravour absolviert und konnte schon eine Woche später anfangen. Das Gehalt, das man mir anbot, war für eine Berufseinsteigerin unverschämt gut, außerdem erhielt ich einen Wagen mit meinem persönlichen Fahrer und ein schickes Büro.

Es war wie im Traum. In meiner Begeisterung nahm ich nur am Rand wahr, dass sich Anthony offenbar nicht so recht für mich freuen konnte. Das war ihm alles viel zu schnell gegangen. Auch er konnte nicht glauben, dass ich diese Europäer vorher nie gesehen hatte. »Das gibt es doch nicht«, sagte er wieder und wieder. »So etwas gibt es doch nur im Märchen.«

Er versuchte herauszufinden, wer mir diese Stelle besorgt haben könnte. Er fragte meine Freundinnen aus, mit wem ich mich traf, verdächtigte diesen und jenen und kam zu keinem Ergebnis.

Anthony war eifersüchtig, das lag auf der Hand. Ich fand das schmeichelhaft, schließlich war auch er ein begehrter Mann und sah verdammt gut aus. Viele Frauen beneideten mich um ihn; so manch eine probierte aus, wie weit sie gehen konnte, das entging mir nicht. Ich war jung, attraktiv und genoss es, bewundert zu werden. Als lebenslustiges Mädchen machte ich gerne Scherze und lachte viel, ob nun mit Freunden oder mit Arbeitskollegen. Daran hat sich bis heute nichts geändert. Aber das heißt noch lange nicht, dass ich Anthony jemals untreu gewesen bin, ganz und gar nicht.

In all den schwierigen Jahren um Bernards Geburt hatte ich schmerzhaft erlebt, wie sehr ich Anthony liebte. Es war, als hätte uns diese schwere Zeit einander noch nähergebracht. Dass er zu mir zurückgekommen war, betrachtete ich als Beweis seiner Liebe. Nun wollte ich ihm zeigen, dass ich seiner Liebe würdig war. Er sollte stolz auf mich sein, nicht nur eine schöne Frau an seiner Seite haben, sondern auch eine kluge und beruflich erfolgreiche. Und so ging ich über die Anzeichen seiner Eifersucht hinweg.

Damals habe ich mir einen Traum erfüllt: Ich übernahm die Wohnung meiner Eltern in Adabraka, renovierte sie und bezahlte die Miete von meinem eigenen Geld. Bereits zum damaligen Zeitpunkt unterstützte ich Kinder aus Bukom, finanzierte ihnen das Schulgeld und half, wo es nötig war. Ein Mädchen hatte ich bei mir aufgenommen. Ich liebte sie sehr, sie war mein »Sweetheart«. Es war ein unglaublich begabtes Kind und ich freute mich zu sehen, wie sie in der Schule Fortschritte machte und alle überflügelte. Wenn ich dann mit Anthony unterwegs war und wir einkaufen gingen, dann dachte ich immer auch an Sweetheart und brachte ihr etwas mit. Anthony gefiel das nicht. Er fand, das sei zu viel des Guten, ich solle mehr an ihn denken und ihn verwöhnen. Wie kann man auf ein Kind eifersüchtig sein, fragte ich mich.

Ich erinnere mich noch an einen grotesken Streit. Wir waren mit einer meiner Freundinnen ausgegangen, und ohne etwas dabei zu denken, streichelten und kitzelten wir jungen Frauen uns unter dem Tisch gegenseitig mit den Zehen. Als Anthony das bemerkte, rastete er aus.

»Ihr Lesben«, schrie er, »das ist ja ekelhaft! Mach sofort, dass du verschwindest!«, fuhr er meine Freundin an und gab keine Ruhe, bis sie tatsächlich aufstand und ging.

»Spinnst du?«, fragte ich ihn entgeistert. »Sie ist meine Freundin. Mädchen machen so was, da ist doch nichts dabei!«

»Die ist hinter dir her, merkst du das denn nicht?«

Das war natürlich absurd. Doch ich sagte nichts mehr. Ja, sogar diesen Ausfall wertete ich als positives Zeichen. Also liebt er mich so sehr, dachte ich, dass er überall Gefahren wittert. Selbst bei meiner harmlosen Freundin. Bei diesem Gedanken musste ich kichern.

Ein anderes Mal machte er mir Szenen, weil ich mich mit

alten Freunden traf. Ich war damals mit Osofo Dadzie befreundet, einem sehr berühmten ghanaischen Schauspieler, und diese Freundschaft war Anthony ein Dorn im Auge. Später erfuhr ich, dass er davon überzeugt gewesen ist, Osofo habe mir meinen Job vermittelt. Er konnte einfach nicht glauben, dass ich das ganz allein geschafft hatte.

Was ich nicht wusste: In meiner Firma arbeitete einer seiner Cousins. Und der berichtete Anthony haarklein, was seine Harriet tagsüber machte. Mit wem sie plauderte, lachte, scherzte und dass ihr die Männer nachpfiffen, wenn sie in ihren hochmodischen europäischen Kleidern, die sie von ihrer Schwester aus London erhielt, aus dem Wagen stieg.

Und so wuchs in Anthony der Argwohn, ohne dass ich es merkte. War ich nicht mit sieben Jungs unterwegs gewesen, als er mich das erste Mal gesehen hatte? War Bernard wirklich sein Sohn? Er hat diese Fragen nie ausgesprochen, doch sie müssen ihn schon seit Langem gequält haben. Wohin dieser Argwohn führen würde, sollte ich erst viel später erfahren.

Damals, als ich diese Anzeichen übersah, war ich viel zu beschäftigt. Tag für Tag machte ich mich schick, ging begeistert zur Arbeit, stürzte mich in meine Aufgaben, lernte täglich Neues dazu. Ich wollte dem Vertrauen, das mir die Firma entgegenbrachte, gerecht werden. Und während ich bestrebt war, mich als Programmiererin zu etablieren, entging meiner Aufmerksamkeit, dass sich über meinem Glück ein ganz anderes Problem zusammenbraute.

DER EUROPÄISCHE TRAUM

Wann Anthony damit anfing, weiß ich nicht mehr. Irgendwann sprach er von Deutschland, als wäre es das Gelobte Land. Ich interessierte mich jedoch nicht dafür. Sicherlich, gute Autos kamen von dort, aber meine halbe Familie lebte inzwischen in London.

Meine Schwester war zum Studieren nach London gegangen, wo sie recht schnell ihren Mann kennengelernt, geheiratet und sofort damit begonnen hatte, Babys in die Welt zu setzen. Sie wünschte sich, dass meine Mutter zu ihr käme, um ihr mit den Kindern zu helfen. Und auch, um zwischen ihr und ihrem Mann zu vermitteln, denn offenbar kam es in der Beziehung der beiden immer wieder zu Spannungen.

Gibt es in Afrika zwischen Partnern Probleme, holt die Frau, wenn möglich, ihre Mutter ins Haus. Denn wenn irgendwo eine Schwiegermutter auftaucht, muss jeder Streit enden. So ist es bei uns Sitte. Und nur unkultivierte Afrikaner hören beim Anblick der Schwiegermutter nicht sofort mit dem Streiten auf.

Es war gerade zu dem Zeitpunkt, als mein Vater mit seiner zweiten Frau all das Geld, das er sich bei Ghana Oil hatte ausbezahlen lassen, in den Sand gesetzt hatte. Er war pleite, und zwar gründlich. Es war so schlimm, dass sie nichts mehr zu essen hatten. Meine Mutter, obwohl tief gekränkt, hätte das nicht mit ansehen können. Außerdem war sie immerhin noch offiziell mit meinem Vater verheiratet. Damit sie nun mit dem Wenigen, was sie besaß, nicht noch für die Rivalin aufkommen musste, entschloss sie sich dazu, nach London zu gehen. Wieder half Hajia, die muslimische Freundin, indem sie meiner Mutter das Flugticket bezahlte. Und so blieben Ama Tanowaa und Bernard bei unserem Onkel, dem Bruder meiner Mutter, zurück.

Ich hingegen hatte nicht den geringsten Grund, Ghana zu verlassen. Mein Sohn lebte hier. Meine geliebte Großmutter und meine kleine Schwester. Sie litt weiter an ihrer seltsamen Krankheit und vermisste ihre Mutter. Wann immer ich konnte, sah ich nach ihr. Es ging ihr zunehmend schlechter und ich war in großer Sorge um sie. Und nicht zuletzt hatte ich meinen Traumjob bereits gefunden. Was sollte ich also in Deutschland? Doch Anthony gab keine Ruhe. Immer wieder fing er damit an: Wie gut ich es dort haben könne. Welche Chancen sich mir dort eröffnen würden. Ich konnte es schon nicht mehr hören.

Einmal erzählte ich meinem guten Freund Osofo Dadzie davon, dass Anthony mich dazu bringen wollte, meinen Job aufzugeben, um mit ihm nach Deutschland zu gehen. Ich hatte Osofo ein paar Jahre zuvor zufällig kennengelernt, seitdem trafen wir uns ab und zu, mal gingen wir zusammen essen, mal tranken wir gemeinsam etwas. Wir mochten uns gerne und er war für mich mittlerweile so etwas wie ein väterlicher Freund geworden. Als ich ihm jetzt von Anthonys Auswanderungsplänen erzählte, riet er mir ab.

»Tu das nicht! Hier weißt du, was du hast, hier leben deine Freunde und Familie. In Deutschland bist du ausschließlich auf deinen Mann angewiesen. Wirf nicht einfach weg, was du hier hast.« Aber das hatte ich damals ja auch nicht vor.

Ich besaß keinen Reisepass, bislang hatte ich so etwas nicht gebraucht. Also fing Anthony an, mich zu bearbeiten, ich solle endlich Passbilder machen lassen, er würde sich um den Rest kümmern. Er war britischer Staatsbürger und versprach, auch mir die Einreise nach Deutschland zu ermöglichen. Er hatte beste Beziehungen. Hätte ich erst einmal meinen Pass, würde er das Visum beschaffen.

Aber ich brauchte keinen Pass. Ich brauchte auch kein Visum. Warum Deutschland? Mein Job war hier. In Ghana gab es viele Straßen zu bauen. Die Bezahlung war gut. Zusätzlich konnte ich, wie früher mein Vater bei Ghana Oil, noch nebenher Geld verdienen. Die Straßenbaufirma, bei der ich angestellt war, verbrauchte viel Dieselöl, das sie in riesigen Fässern geliefert bekam. Wie alle höheren Angestellten erhielt auch ich regelmäßig eine Ladung leerer Ölfässer und konnte sie weiterverkaufen.

Doch noch mehr als die Bezahlung schätzte ich, dass ich in dieser Firma jeden Tag dazulernte. Einmal wöchentlich kam ein Computerspezialist aus Kumasi von der University of Science and Technology zu uns und erklärte mir nach und nach die ganzen Programmierungen unserer Firma. Warum gerade mir, begriff ich nicht so recht, aber ich nahm die Gelegenheit zur Weiterbildung begeistert wahr.

Anthony schleppte mich mehrmals zu einem Fotografen, damit ich Passbilder von mir machen ließ. Aber ich wollte nicht. Wozu? Ich gehe nicht nach Deutschland. Er sollte mich mit diesem Thema endlich in Ruhe lassen. Die Jungs vom Fotogeschäft zeigten mir lachend den Vogel. »Dieses Mädchen ist verrückt«, sagten alle. »Ihr Mann will sie mit nach Europa nehmen und diese dumme Kuh will nicht!« Sie fanden, das sei der Gipfel aller Träume: die Auswanderung nach Europa. Ich wisse gar nicht, was für ein verdammtes Glück ich hätte, sagten sie. Jede Frau, die Anthony kannte, wollte angeblich mit ihm nach Deutschland. Nur ich nicht. »Na dann geh doch mit denen«, sagte ich bockig zu Anthony. Wir waren beide Dickschädel. Es war nur die Frage, wer länger durchhalten würde.

Und zunächst sah es ganz so aus, dass ich diejenige sein würde. Bis Anthony eines Tages mit dieser Visitenkarte ankam. Er sagte, sie sei von einer Computerschule in Düsseldorf. Noch nie in meinem Leben hatte ich von einer Stadt namens Düsseldorf gehört.

»Da habe ich dich bereits zum Studium angemeldet«, erklärte Anthony mir. »Damit du Systemanalytikerin werden kannst.«

»Angemeldet? Mich?!«

»Es sollte eine Überraschung werden.«

Systemanalytikerin. Damit hatte er ins Schwarze getroffen. Lange drehte und wendete ich die Visitenkarte in der Hand, ohne zu begreifen, was tatsächlich darauf stand.

»Aber ich spreche doch kein Deutsch«, wandte ich ein.

»Kein Problem«, beruhigte mich Anthony. »Computerfächer werden weltweit auf Englisch unterrichtet.«

Das leuchtete ein. Doch mir war die Sache immer noch nicht geheuer.

Ich hatte so viel durchgemacht, mir meine Ausbildung so hart erkämpft. Ich hatte die beste Stelle, die man sich vorstellen konnte. Ich besaß eine Wohnung, ganz für mich allein. Wenn Anthony mich zu diesem Zeitpunkt verlassen hätte, wäre ich zwar todunglücklich gewesen, aber an meinem Leben hätte sich nicht das Geringste geändert. Sollte ich das alles aufgeben? Für eine Ausbildung in einem Land, das mir absolut fremd war? Und viel wichtiger für uns Afrikaner: in einem Land, in dem ich keine Menschenseele kannte?

»Ich habe eine Menge Freunde in Deutschland«, sagte Anthony. »Und meine Freunde sind auch deine.«

Ich müsse nur endlich diese blöden Passbilder machen lassen. Den Rest besorge er. Ob ich denn tatsächlich nicht an dieser Schule in Düsseldorf studieren wolle? Ich sei bereits eingeschrieben, die Gebühren seien bezahlt. Ich müsse nur noch Ja sagen.

Langsam, ganz langsam begann ich mich an den Gedanken zu gewöhnen. Deutschland. Warum nicht? Ich bin von Natur aus neugierig. Warum sollte ich eigentlich nicht den Sprung nach Europa wagen? Und dann überraschte mich Anthony noch in einer anderen Angelegenheit.

Er hatte immer betont, dass er kein Freund vom Heiraten sei. Inzwischen war er 52 Jahre alt und stolz darauf, noch nie eine Ehe eingegangen zu sein.

Das sollte sich bei der Beerdigung eines Onkels aus der Ashanti-Familie meines Vaters ändern. Anthony hatte mich begleitet. Als die Begräbniszeremonie zu Ende war und das Fest beginnen sollte, kam auf einmal einer der Ältesten meiner Familie zu mir. Anthony habe in aller Form um meine Hand angehalten, berichtete er. Ob ich einverstanden sei, wenn sie uns hier und jetzt auf traditionelle Weise miteinander vermählten. Mein Bräutigam habe darum gebeten.

Ich war sprachlos. Nie hatte Anthony mit mir darüber ge-

DEM ERFOLG AUF DER SPUR

sprochen, dass er heiraten wollte. All die Jahre hatte er das Gegenteil verkündet. Und jetzt, bei einem der höchsten Feste meiner Familie, überraschte er mich mit einem Heiratsantrag?

»Sollen wir dich mit diesem Mann vermählen?«, fragte der Familienälteste noch einmal. »Wir tun nichts gegen deinen Willen.« Ich musste mich in einem einzigen Moment entscheiden. Ich liebte Anthony. Natürlich wollte ich seine Frau sein. Meiner Meinung nach war ich das schon all die Jahre. Wenn ich jetzt Nein sagte, würde ich ihn brüskieren und vor meiner ganzen Familie bloßstellen. Es wäre ein Skandal und das Ende unserer Beziehung gewesen.

»Ja«, sagte ich. »Ich will.«

Und dann ging alles nach altem Brauch und ganz schnell. Uns wurde ein hochprozentiges Getränk gereicht, das wir trinken mussten. Ganz ähnlich wie in der Kirche mussten wir anschließend rituelle Texte nachsprechen. Anthony schenkte mir Goldschmuck, wie es üblich ist, und spätestens daran merkte ich, wie genau er diesen Coup vorbereitet hatte. Schließlich erhielt die ganze Familie Geld von ihm, welches das Familienoberhaupt nach Ermessen an die anderen verteilte.

Bei einer Hochzeit erhält jeder Verwandte der Braut ein Geldgeschenk, sei er auch noch so weit entfernt verwandt. Und sollte es irgendwann einmal Probleme in dieser Ehe geben, dann fühlen sich alle, die Geld bekommen haben, verantwortlich. Ein Familienrat wird einberufen, der lang und breit die Probleme erörtert. In Afrika rennt man nicht so schnell zum Scheidungsrichter. Man versucht, alle Konflikte im Familienrat beizulegen. Sollte aber ein Verwandter bei der Hochzeit vergessen worden sein und kein Geldgeschenk erhalten haben, dann pflegt er in solchen Krisenfällen auszurufen: »Mit diesem Ehestreit habe ich nichts zu schaffen. Schließlich habe ich kein Geld genommen. Macht das unter euch aus!«

Anthony hatte bei unserer Vermählung nicht gegeizt und jeden meiner Verwandten beschenkt. Das Dumme war nur: Als es später zu massiven Problemen in unserer Ehe kommen sollte, war meine Familie weit weg. Kein Familienrat konnte mir zur Seite stehen. Ich war auf mich gestellt und das ist für uns Afrikaner ein großes Unglück. Einzeln sind wir nichts. Nur gemeinsam können wir etwas erreichen.

Kein Mädchen träumt davon, als Anhängsel einer Beerdigung verheiratet zu werden. Vielleicht hätte ich wütend sein sollen. Aber ich liebte Anthony und irgendwie war ich auch gerührt. Hinterher sagte ich ihm, dass ich es mir schon anders gewünscht hätte. Nicht so ohne jede Vorbereitung. Gerne hätte ich meine Mutter dabeigehabt. Von ihrer Seite war lediglich eine Abordnung Cousinen und Tanten zur Beerdigung erschienen, sie selbst befand sich in London bei meiner Schwester. Auch meine Oma, die sich unwohl gefühlt hatte, war nicht zu der Ashanti-Beerdigung erschienen. Bei meiner Hochzeit hätte ich sie unbedingt dabeihaben wollen. Von unserem Sohn ganz zu schweigen. Außerdem war ich in Trauer! Nach Ashanti-Tradition trug ich dem Anlass angemessen Schwarz-Rot, wie bei unserem ersten Kennenlernen an jenem Karfreitag. Im Nachhinein erscheinen mir beide Ereignisse nicht gerade unter einem günstigen Stern gestanden zu haben.

»Aber so war es doch viel romantischer«, verteidigte sich Anthony. »Ganz traditionell nach alter Sitte.«

Da hatte er recht. Aber wir lebten im 20. Jahrhundert. Und nicht in einer Zeit vor der Kolonialisierung. »Weißt du was«, sagte Anthony besänftigend. »Das ganz große Fest holen wir irgendwann nach. Wenn deine Mutter in Ghana ist, es deiner Oma besser geht und wenn Bernard in den Ferien da ist. Dann feiern wir das einfach nach.«

So wurden Anthony und ich also Mann und Frau. Um das Ganze auch noch vor dem Gesetz zu bekräftigen, heirateten wir kurz darauf standesamtlich. Das ist in Afrika keine große Sache, wir feierten das im allerengsten Rahmen. Ich war glücklich. Auch wenn es mir ein bisschen zu schnell gegangen war. Doch Anthony hatte das Ruder ergriffen und steuerte in seinem eigenen Tempo in eine eigene Richtung. Eine Richtung, die mir nicht vertraut war.

Ist das nicht normal, fragte ich mich, wenn man sich liebt? Muss ich meinem Mann nicht vertrauen? Schließlich wollte er nur das Beste für mich. Sogar meinen geheimen Wunsch, Systemanalytikerin zu werden, hatte er mir von den Augen abgelesen. Warum also sträubte ich mich so sehr?

Schließlich sah ich selbst keinen Sinn mehr in meinem Widerstand. Ich ließ die Passbilder machen. Wenn ich sie heute betrachte, kann ich erkennen, dass ich nicht wirklich glücklich darauf aussehe. Kurze Zeit später hielt ich meinen ersten Pass und die Flugtickets in Händen. Hin- und Rückflug, wie Anthony mir es versprochen hatte. Als ich den Pass aufschlug, enthielt er schon ein Visum für Deutschland. Staunend wie ein Kind blätterte ich das Dokument durch. »Housewife« stand unter der Rubrik »Beruf«. Ich lachte darüber. Es sollte nicht lange dauern, bis mir das Lachen gründlich verging.

EIN ABSCHIED OHNE ABSCHIED

Wir wollten niemandem von unserer Abreise erzählen. Anthony meinte, so sei es am romantischsten. Ein richtiges Abenteuer. Auf einmal liebte er Überraschungen und Geheimnisse – er war wie ein kleiner Junge. Ich fand das amüsant und ließ ihm seinen Spaß. Wir erlebten eine Zeit der Liebe wie schon lange nicht mehr. Seit ich zugestimmt hatte, mit ihm nach Deutschland zu gehen, war Anthony völlig aus dem Häuschen. Er erfüllte mir jeden Wunsch.

Meine eigene Familie war damals ohnehin weit verstreut. Und ich ging jetzt eben nach Deutschland. Sobald wir dort Fuß gefasst hätten und ich in der Schule etabliert wäre, würden wir alle mit der Neuigkeit überraschen. Natürlich würde ich vor dem eigentlichen Umzug erneut nach Accra fliegen, um noch ein paar Sachen nachzuholen, da wir jetzt nur das Nötigste mitnahmen, und bei dieser Gelegenheit von meinen Lieben richtig Abschied nehmen. In zwei, drei Jahren käme ich ohnehin zurück, je nachdem, wie lange das Studium dauern sollte. Nun flogen wir erst einmal nach Deutschland, damit wir uns dort alles anschauen und die wichtigsten Dinge regeln konnten. Aber zuvor musste ich noch meinen Job kündigen.

Das war für mich das Bitterste von allem. Ich zweifelte nicht daran, dass ich in wenigen Wochen meine Oma wiedersehen und Bernard in die Arme schließen würde. Aber diesen Traumjob aufzugeben, den ich wie durch ein Wunder erhalten hatte, das war etwas Endgültiges. Anthony drängte mich. Schließlich war er es, der die Kündigung für mich schrieb.

Gemeinsam mit einem Cousin fuhr er mich zur Firma. Ich sollte die Kündigung überreichen und gleich wieder mit ihnen nachhause fahren. Auch ich war zu dem Schluss gekommen, dass es so am besten war: kurz und schmerzlos. Ich hatte mich entschieden. Es hatte lange gedauert, aber jetzt war unsere Abreise beschlossene Sache.

Niemals werde ich den Gesichtsausdruck meines Vorgesetzten vergessen. Als ich ihm die Kündigung überreichte, sah er so aus, als schluckte er mühsam die Frage hinunter, ob ich jetzt vollkommen den Verstand verloren hätte. Stattdessen versuchte er, mich zum Bleiben zu überreden. Wollte wissen, warum ich das tat.

»Ich gehe nach Deutschland«, sagte ich.

Er starrte mich an, als sei ich nicht recht bei Trost.

»Was willst du denn in Deutschland?!«

»Ich will dort weiterstudieren.«

»Harriet«, stammelte er, »bist du sicher?«

»Ja!«, sagte ich, wegen dieser Frage ein wenig aufgebracht.

»Weißt du eigentlich«, fuhr er fort, »was wir mit dir vorhaben? Wir haben große Pläne. Jede Woche kommt John von der Uni Kumasi und arbeitet dich ein. Hat er dir nie erzählt, warum?«

Ich schüttelte den Kopf.

»Du sollst unsere Chefprogrammiererin werden. John hat alle Programme für uns eingerichtet, aber wir wollen unseren eigenen Programmierer in der Firma haben und nicht darauf angewiesen sein, dass John hin und wieder Zeit für uns hat. Wir haben dich ausgesucht. Weil du begabt bist. Weil wir dir vertrauen. Du sollst das übernehmen! Das ist eine Riesenchance, Harriet, die wirft man nicht einfach so hin. In unserer Firma hast du eine Zukunft. Wir haben in dich investiert und werden das weiterhin tun. Wenn du dich fortbilden möchtest, hast du unsere Unterstützung. Du leistest gute Arbeit und bist bei uns an der richtigen Adresse. Du wirst in unserer Firma Karriere machen, dazu musst du nicht nach Deutschland gehen. Glaub mir, ich kenne Deutschland …«

Er redete und redete und ich biss mir auf die Lippen, denn von all diesen Plänen hatte ich nichts gewusst. Warum, fragte ich mich, haben sie mir das nicht früher gesagt. Vielleicht wäre es dann gar nicht erst so weit gekommen. Aber jetzt lag die Kündigung auf dem Schreibtisch meines Chefs, draußen saß mein Mann im Wagen und wurde garantiert schon ungeduldig, zuhause warteten Pass und Flugticket, ich war in einer Computerschule angemeldet – es gab kein Zurück mehr.

Kein Zurück.

Also blieb ich bei meiner Kündigung. Niemand konnte es fassen. Aber so bin ich nun mal. Wenn ich mich für etwas entschieden habe, dann schaue ich nach vorne. Man muss auch bereit sein, etwas zu riskieren, sagte ich mir. Wer immer nur an dem festhält, was er schon hat, der kommt nicht weiter. Ich verabschiedete mich und ging hinaus zu Anthony. Ich war bereit für ein neues Leben. Mein Mann hatte mir so viel versprochen. Jetzt war es an der Zeit, dass er seine Versprechen einlöste.

V. EIN TRAUM ZERBRICHT

EIN SCHWIERIGER ANFANG

Wie alle Afrikaner hatte auch ich von Europa nahezu märchenhafte Vorstellungen. Ich weiß, es klingt seltsam, das von einer jungen modernen Frau zu hören, die es gewohnt war, mit Computern umzugehen. Aber in Afrika kursieren seit Jahrzehnten so unglaubliche Geschichten über Europa, dass man gar nicht anders kann, als diesen im Vergleich zu Afrika so winzigen Kontinent zu verklären.

Ich dachte zum Beispiel allen Ernstes, dass es in Europa niemals dunkel würde. Auch glaubte ich, dass es dort keine Bäume, sondern stattdessen überall nur Hochhäuser gäbe. Krankheiten, davon war ich überzeugt, wären in Europa schon lange verschwunden. Schließlich gibt es doch genügend Ärzte, die dafür sorgen, dass die Menschen gesund bleiben. Auch Behinderte konnte es auf einem so wundervollen und fortschrittlichen Kontinent nicht geben; Behinderungen werden in Europa einfach wegoperiert. Außerdem gab es in meiner Vorstellung in Europa keine armen Menschen, alle waren wohlhabend.

Ja, das ist das hartnäckigste Gerücht, das noch heute fast jeder Afrikaner felsenfest glaubt. Selbst wenn Berichte nach Afrika dringen, denen zufolge es auch in Europa gesellschaftliche Unterschiede gibt, bleibt man dabei: Sogar ein armer Europäer ist für afrikanische Verhältnisse unermesslich reich.

Im letzten Moment habe ich dann doch von unserer Abreise erzählt. Wie hätte ich einfach so verschwinden können, ohne den Menschen, die mit mir das tägliche Leben teilten, einen Ton zu sagen? Das war unmöglich. So begleitete uns ein kleines Gefolge zum Flughafen: mein sorgenvoll blickender Onkel, der mich immer unterstützt hatte, Mama Patience und meine besten Freundinnen. Meine Großmutter war zu krank. Ich hatte nicht mehr die Zeit gefunden, mich von ihr zu verabschieden. Außerdem wollte ich sie nicht in Sorgen stürzen. Mama Patience weinte.

»Ich komme bald wieder«, beruhigte ich meine zurückbleibenden Verwandten und auch ein bisschen mich selbst.

Und dann ging es los.

Der Flug von Accra nach Düsseldorf dauert sechs Stunden. Ich war müde, aber doch voller Neugier auf das, was kommen würde. Nie zuvor war ich im Ausland gewesen, geschweige denn geflogen. Alles war neu und aufregend für mich, was ich in vollen Zügen genoss.

Wir verließen das Flugzeug und gelangten durch eine Gangway in den Terminal. Es war kalt in Deutschland. Dezember. In Accra hatte das Thermometer bei meiner Abreise auf 35 Grad im Schatten gestanden, die Luftfeuchtigkeit hatte rund 60 Prozent betragen. Ich war nicht darauf gefasst gewesen, Temperaturen anzutreffen, die bei uns zuhause lediglich im Kühlschrank herrschten. Feuchtkalte 5 Grad über null. Wieso hatte mir Anthony nichts über die kalte Jahreszeit erzählt?

In meinem dunkelblau-weiß gemusterten Leinenkleid und den hochhackigen Schuhen war ich eine der elegantesten Reisenden, die in Düsseldorf auf ihr Gepäck warteten. Mir war kalt. Und mein Koffer würde auch nur Sommerkleider enthalten. Doch meine gute Laune ließ ich mir davon nicht nehmen.

Auch nicht von dem Bild der jungen Klofrau, auf die Anthony mich hinwies. Ich hatte beschlossen, in Deutschland mein Glück zu machen. Da ließ ich mich nicht von einem fremden Schicksal ablenken, das mit meinem, davon war ich überzeugt, nicht das Geringste zu tun hatte. Wir fuhren mit dem Zug zum Hauptbahnhof. Inzwischen zitterte ich vor Kälte. Noch nie zuvor hatte ich Schnee gesehen. Nie zuvor hatte ich so gefroren.

Anthony erkundigte sich in der Touristen-Information am Bahnhof nach einem Hotel für uns. Ich wunderte mich. Hatte er nicht gesagt, er hätte bereits alles für unsere Ankunft arrangiert? Eine schlecht gelaunte Angestellte gab uns ein paar Adressen und wir landeten schließlich im »Hotel Manhattan«, das ein paar Straßen vom Hauptbahnhof entfernt lag.

Es war keine besonders gute Gegend. Auf dem kurzen Weg dorthin entdeckte ich Sex-Shops, schmuddelige Kinos und Discounter. Ich war überrascht, dass es im Wunderland Deutschland so heruntergekommene Orte überhaupt gab. Doch das Hotel war vornehm. Fürs Erste sollte es genügen.

»Wir bleiben doch nicht lange hier?«, fragte ich, nachdem wir das Zimmer bezogen hatten.

»Mal sehen«, antwortete Anthony, »wie es sich entwickelt.«

Aber zunächst einmal entwickelte sich gar nichts.

Das Zimmer, das wir bezogen hatten, ging auf einen grauen Innenhof hinaus. Das war alles, was ich zunächst von Deutschland sehen sollte. Beim Frühstück saß ich im Restaurant und schaute auf die Graf-Adolf-Straße, beobachtete die Menschen und Autos, die vorbeifuhren. Es gab ein riesiges Frühstücksbuffet, aber für mich war alles ein bisschen fremd. Aus Ghana hatte ich *Banku*-Knödel und Chilisoße mitgebracht, wovon ich mittags ein bisschen aß. Abends nahm mich mein Mann mit zu einem neuen chinesischen Imbiss, der gleich um die Ecke aufgemacht hatte. Da waren wir fast jeden Tag.

Es passierte einfach nichts. Ich traute mich nicht, das Hotel allein zu verlassen, Anthony hatte mich eindringlich davor gewarnt. Er selbst ging allein los, um »alles zu regeln«, wie er sagte.

Aber was er genau machte und ob er überhaupt etwas machte, das wusste ich damals nicht.

Heute weiß ich, dass es in Düsseldorf wie in vielen europäischen Städten ein dichtes Netzwerk von Afrikanern gibt. Mein Mann kannte offenbar einige Ghanaer oder versuchte, sie am Bahnhof ausfindig zu machen. Genau wie ich sprach er kein Deutsch. Vielleicht war er sogar von meiner Einwilligung, mit ihm nach Deutschland zu kommen, letztendlich überrascht gewesen. Vielleicht war alles schneller gegangen, als er erwartet hatte. Jedenfalls hatte er nichts für unsere Ankunft vorbereitet, das wurde mir nach und nach klar.

Ich hatte es satt, in diesem Hotel zu sitzen. Ich weinte und drängte ihn, eine richtige Wohnung zu suchen.

»Ich will endlich die Computerschule sehen«, quengelte ich.

Doch er erwiderte nur, so schnell ginge das alles nicht und ich müsse Geduld haben. Es seien gerade Ferien, man könne die Schule nicht besichtigen.

Ich merkte, dass ich ohne mein gewohntes Umfeld völlig hilflos war. Gerne wollte ich das Leben in Düsseldorf kennenlernen, aber Anthony war strikt dagegen.

Nach ein paar Tagen in dem Hotelzimmer, das ich mehr und mehr als Gefängnis empfand, nahm Anthony mich mit hinaus, um mir andere Schuhe zu kaufen. Denn ich hatte ja nur völlig unpassende hochhackige Sandaletten im Gepäck. Wir gingen um zwei Ecken in einen Billigladen, wo ich mir ein Paar Turnschuhe aussuchen sollte. Ich und Turnschuhe! Anthony kaufte mir das erste Paar meines Lebens. Ich musste erst mühsam lernen, in so etwas überhaupt zu gehen. Meine Füße, gewöhnt an hohe Absätze, taten mir weh. Meine Sehnen und Bänder waren dafür überhaupt nicht trainiert. Auch einen wattierten Mantel bekam ich endlich.

»Wenn schon Ferien sind«, sagte ich, »dann könnten wir doch auch etwas von Deutschland sehen. Warum holst du mich überhaupt mitten in den Ferien hierher?«

Um mich auf andere Gedanken zu bringen, fuhr Anthony mit mir nach München, wo Freunde von ihm lebten. Und wie es so ist bei uns Afrikanern, wenn jemand aus dem eigenen Land zu Besuch kommt, trommelten auch sie alle Freunde zusammen und wir hatten ein paar gesellige Tage.

Was war ich froh, mich endlich wieder in meiner Sprache unterhalten zu können! Ich stellte eine Menge Fragen und erfuhr ein bisschen, wie es hier in Deutschland zugeht. Wenn ich studieren wollte, so erzählte mir jemand, dann müsste ich einen festen Wohnsitz haben, das heißt, eine Wohnung finden. Dann müsste ich mich bei der Stadtverwaltung anmelden, ohne diese Anmeldung ginge gar nichts. Meine Landsleute in München waren überrascht, als sie von meinen Plänen hörten. »Sprichst du Deutsch?«, wollte ein junger Mann wissen. Ich verneinte. Er sah mich skeptisch an. Anthony bemerkte unsere Unterhaltung und mischte sich ein. Brachte unser Gespräch auf andere Themen. Er behauptete später, diese Leute hätten keine Ahnung. Aber ich merkte mir, was ich erfahren hatte. Wir brauchten eine Wohnung. Sobald wir wieder in Düsseldorf wären, würde ich Anthony darauf ansprechen.

Unser Besuch in München endete mit einem Eklat. Der erste dieser Sorte, aber nicht der letzte. Wir wohnten selbstverständlich in einem Hotel, verbrachten allerdings viel Zeit mit Anthonys afrikanischen Freunden. Einmal ließ er mich allein bei ihnen, um irgendetwas zu »erledigen«. Als Anthony zurückkam, war gerade eine Party im Gang und er fand mich ausgelassen lachend im Gespräch mit ein paar jungen Leuten. Auch Männer waren dabei. Da packte er mich am Handgelenk und machte mir eine wahnsinnige Szene. Er flippte völlig aus, verdächtigte mich, ihn mit einem der Männer zu betrügen. Er war durch nichts zu beruhigen. Ich schämte mich fürchterlich vor diesen freundlichen Menschen, denen Anthony jetzt lauthals vorwarf, sie hätten ihm seine Harriet wegnehmen wollen. Er bestand darauf, auf der Stelle zu gehen, und schleppte mich zurück ins Hotel. Es war spät am Abend.

Wir bewohnten eine elegante Suite, die mit Designermöbeln ausgestattet war, darunter befand sich auch ein wunderschöner Tisch mit einer dicken Glasplatte. Ich war unglaublich wütend. »So kann ich nicht weitermachen!«, schrie ich aufgebracht und schlug mit meiner Handkante voller Wucht auf den Glastisch. Zu meiner großen Überraschung brach der Tisch mitten durch und meine Hand blutete wie verrückt. Ich hatte mir eine tiefe Wunde zugezogen, aus der das Blut nur so herausquoll. Erschrocken zog ich mich ins Badezimmer zurück und schloss mich ein. Anthony tobte. Ich umwickelte meine Wunde mit einem Handtuch und wusste nicht, was ich sonst tun sollte. Draußen schrie Anthony, ich solle die Tür aufmachen. Aber ich dachte nicht daran. Schließlich legte ich mich in die Badewanne und deckte mich mit Handtüchern zu. An Schlafen war jedoch nicht zu denken. Irgendwann hatte sich Anthony offenbar beruhigt und klopfte vorsichtig an meine Tür. Ich öffnete ihm. Er machte sich wegen meiner Hand Sorgen, aber auch wegen des zerbrochenen Tisches und des Hotelzimmers, das voller Blut war.

»Komm«, sagte er, »wir müssen hier verschwinden! Sonst zeigen die uns noch an.«

Er überredete mich dazu, trotz meiner Verletzung meine Sachen zu packen. Als wir den Gang entlangschlichen, kam gerade das Zimmermädchen um die Ecke. Anthony steckte ihr ein großzügiges Trinkgeld zu.

In aller Eile checkten wir aus. Ehe ich mich versah, saßen wir im Zug nach Düsseldorf, wo wir wieder das »Hotel Manhattan« bezogen. Einen Arzt suchten wir nicht auf. Meine Wunde verheilte auch so. Noch heute habe ich an der Kante meiner rechten Hand zwei Narben, eine Erinnerung an jene fürchterliche Nacht.

Nun saß ich also wieder im »Hotel Manhattan« und starrte auf die Häuserfronten jenseits des Hofes. Seit unserer Abreise aus München waren wir keinen einzigen Schritt weitergekommen.

»Wir brauchen eine Wohnung«, beschwor ich Anthony. »Ich muss raus! Ich werde hier verrückt! Du hast mir ein anderes Leben versprochen. Was ist mit der Schule?«

Ich machte Druck. Anthony versprach, eine Wohnung für uns zu finden. Ich weinte viel. Hockte wieder in diesem verdammten Hotelzimmer fest. Anthony ging morgens hinaus, kam abends zurück. Nichts geschah. Ich war mit den Nerven am Ende. Machte noch mehr Druck. Wir stritten uns. Ich war verzweifelt. Wie lange sollte es so weitergehen? Ich wollte eine anständige Wohnung und endlich mit meinem Studium beginnen. Irgendwann mussten die Schulferien doch zu Ende sein.

Erst viel später kam mir der Gedanke, dass alles so geplant gewesen war. Anthony hatte offenbar jahrelang seine Eifersucht hinuntergeschluckt und seine Rache vorbereitet. Er liebte mich. Konnte nicht ohne mich sein. Er wollte mich für sich allein haben, weshalb er mich in dieses fremde Land geschleppt hatte. Dabei hatte es für Anthony überhaupt keinen Grund zur Eifersucht gegeben. Für mich war Anthony der Einzige. Von Untreue konnte nicht die Rede sein.

Doch da war dieser Cousin, der mich in Accra bei meiner Arbeitsstelle ausspioniert und Anthony davon überzeugt hatte, dass er mich früher oder später verlieren würde, wenn er mich weiterhin in dieser Firma arbeiten ließe: »Eines Tages kommst du von London nachhause und deine Harriet ist weg.« Anthony, ohnehin schon eifersüchtig, hatte das sofort geglaubt. Er hatte mich aus Ghana wegholen müssen. Möglichst weit weg von all diesen Männern, die mir nachstellten. In ein Land, wo ich niemanden kannte. Dessen Sprache ich nicht verstand. Wo ich ihm vollkommen ausgeliefert war.

Es sollte noch eine ganze Weile dauern, bis ich diese Zusammenhänge begriff. Ich konnte mir nicht vorstellen, welches Spiel Anthony mit mir trieb. Hatte ich nicht alles aufgegeben? Hatte er mir nicht das Blaue vom Himmel versprochen? Scheiterte unser »deutscher Plan« schon daran, dass er nicht in der Lage war, eine Wohnung für uns zu finden?

Anthony war zuvor durchaus schon in Deutschland gewesen. Mehrfach hatte er hier gebrauchte Autos gekauft und nach Ghana gebracht, um sie dort weiterzuverkaufen. Zudem hatte er in Deutschland Kontakte. Doch mit mir sprach er nicht offen über seine Pläne, und das war für mich ein fürchterlicher Zustand. Ich war es gewohnt, mein Leben selbst in die Hand zu nehmen. Hier war ich zum Warten verurteilt.

Nach unserem missglückten Ausflug nach München bemühte sich Anthony tatsächlich um eine Wohnung. Das war nicht einfach. Die Mauer war noch nicht lange gefallen und viele Ostdeutsche kamen in den Westen. Wohnraum war in Düsseldorf knapp. Wir waren wieder auf Anthonys dubiose Kontakte angewiesen, weshalb er sich jeden Tag am Hauptbahnhof aufhielt.

Endlich kam er mit der Nachricht, dass er in Oberhausen etwas gefunden hätte: eine möblierte Wohnung für 600 Mark monatlich.

Ich sagte: »Wunderbar! Hier im Hotel zahlen wir fast 150 Mark pro Tag! Da sparen wir ja eine ganze Menge!«

Aber es handelte sich nur um eine winzige Einzimmerwohnung mit Kochecke und Dusche. Heute weiß ich, dass man uns schwer übers Ohr gehauen hatte, aber damals war ich froh, endlich aus dem Hotel herauszukommen. 20 Mark pro Tag statt 150, das schien mir ein fairer Deal.

Also zogen wir nach Oberhausen. Ich war überzeugt, dass jetzt alles gut würde. Wir würden uns offiziell anmelden. Und dann könnte ich endlich auf diese Computerschule gehen.

AUSGELIEFERT

Wir bezogen die kleine Wohnung, wir meldeten uns an. Nun war endlich die Zeit gekommen, mit meinem Studium zu beginnen.

»Wollen wir morgen zur Computerschule gehen?«, fragte ich meinen Mann.

Er schwieg. Sein Schweigen dehnte sich aus, schien irgendwann das ganze Zimmer auszufüllen.

»Wenn du keine Zeit hast«, sagte ich und bemühte mich um einen unbefangenen Ton, »dann gehe ich allein hin. Gibst du mir bitte die Visitenkarte mit der Adresse?«

Ich hatte die Anzeichen zu spät bemerkt: diesen Ausdruck in den Augen, seine Haare, die sich aufstellten. Er sah weg. Vielleicht wäre es besser gewesen, den Mund zu halten. Aber ich fand, das hatte ich schon viel zu lange getan.

»Hör zu, das ist der Grund, weswegen ich nach Deutschland gekommen bin. Ich habe eine gut bezahlte Stelle aufgegeben, damit ich hier studieren kann. Jetzt habe ich lange genug gewartet. Ich will nicht noch mehr Zeit verlieren.«

»Es sind Ferien«, sagte er zornig. »Ich hab es dir doch schon einmal erklärt.«

»Ferien?«, fragte ich. »Seit drei Monaten? Die müssen doch irgendwann zu Ende sein. Und wenn nicht, dann ist das Sekretariat besetzt. Ich will jetzt endlich dahin, Anthony, hörst du, ich will nicht mehr länger warten.«

»Du gehst nirgendwohin!«, warf mir Anthony in schneidendem Ton entgegen. »Hier tust du, was ich sage! In Ghana, da hast du immer gemacht, was du wolltest. Und jetzt bezahlst du dafür.«

Dafür bezahlen? Wofür denn um Gottes willen? Eigentlich war mir klar, dass es klüger wäre, diese Fragen auf später zu verschieben. Vielleicht sogar die Frage, wann ich endlich die Schule von innen sehen würde. Anthony hatte sich verändert, ich konnte ihn nicht mehr einschätzen. Die Ereignisse in München hatten mich gewarnt. Doch ich bin eine temperamentvolle Frau und habe damals nicht eingesehen, warum ich mich gegen jede Vernunft seinen Launen unterordnen sollte. Meine Existenz stand auf dem Spiel, der Sinn und Grund meiner Anwesenheit in Deutschland. Zuhause vermissten mich mein Sohn und meine Großmutter. Es machte keinen Sinn, hier in dieser winzigen Bude herumzusitzen und darauf zu warten, dass Anthony gnädig gestimmt war. Also ließ ich nicht locker.

»Ich will zu dieser Schule. Wenn nicht heute, dann morgen. Gib mir endlich die Adresse. Du hast mich doch angemeldet und die Gebühren bezahlt. Worauf warten wir noch?«

»Ich habe meine Gründe«, herrschte er mich an.

»Welche Gründe?«, wollte ich wissen.

»Harriet«, drohte er leise. »Es ist jetzt genug. Ich will das Wort ›Computerschule‹ nie wieder hören, verstanden?«

»Hör zu«, sagte ich genauso wütend, »du wirst das Wort ›Computerschule‹ so lange hören, bis ich dort mit meinem Studium begonnen habe. Ich bin deine Ausflüchte leid. Du hast es mir versprochen! Bist du einer, der sein Versprechen nicht hält?«

Es kam wie aus heiterem Himmel. Wir standen uns gegenüber. Auf einmal fuhr seine Faust nach vorn und traf mich mitten ins Gesicht. Auf das linke Auge. Ich war wie gelähmt. Er schlug ein zweites Mal zu, diesmal traf er das rechte. Ich fiel hintenüber aufs Bett. Noch nie war ich von einem Menschen derart geschlagen worden. Und nun hatte damit ausgerechnet der Mann begonnen, den ich liebte wie mein eigenes Leben.

Ich verbrachte die folgenden Tage wie unter Schock. In meinem Gesicht waren blutunterlaufene Veilchen aufgeblüht. Meine Augen waren zugeschwollen. Ich sah aus wie ein Monster. Es tat weh, entsetzlich weh, doch viel schlimmer waren die Schmerzen in meinem Innern. Es hat etwas zutiefst Demütigendes, geschlagen zu werden. Ich war wie gelähmt und außerstande, zu verstehen, was eigentlich mit uns los war. Irgendwann flossen meine Tränen wieder und ich begriff, dass nichts gut werden würde. Ein Dämon hatte von Anthony Besitz ergriffen und aus dem eleganten, besonnenen und weltgewandten Mann, den ich geheiratet hatte, einen unberechenbaren Tyrannen gemacht.

Ich setzte meine Sonnenbrille auf und stahl mich aus der Wohnung. In Düsseldorf hatte ich in unmittelbarer Nähe des Hotels ein Büro von Ghana Airlines entdeckt. Dorthin fuhr ich, um mir mein Rückflugticket aushändigen zu lassen. Hier in diesem Land hatte ich nichts mehr zu suchen. Mit einigem Glück konnte ich vielleicht meine Stelle in Accra wieder antreten. Und wenn nicht, würde ich schon wieder auf die Beine kommen. Ich musste nachhause, musste in das Land, in dem ich mich auskannte, wo ich über Kontakte verfügte, wo meine Familie lebte. In Ghana käme ich allein zurecht. Dort wäre ich in Sicherheit.

Mein Herz klopfte bis zum Hals, während die junge Frau im Computer nachsah. Schließlich blickte sie auf.

»Ihr Mann hat sich Ihr Rückflugticket gleich nach Ihrer Ankunft in Deutschland ausbezahlen lassen«, erklärte sie mir. »Tut mir leid. Aber wenn Sie wollen, buche ich für Sie einen neuen Flug.«

Ich konnte nichts sagen. Mir wurde schwarz vor Augen. Also hatte Anthony alles von Anfang an geplant. Sein Versprechen, dass ich bald nach Accra zurückkehren würde, war eine Lüge gewesen, um mich zur Ausreise zu bewegen und mich von meiner Familie zu trennen. Eine Lüge wie die von der Computerschule. Was alles war noch gelogen?

Ich hatte kein eigenes Geld mit nach Deutschland genommen, hatte meinem Mann voll und ganz vertraut. Jetzt begriff ich, was für ein Fehler das gewesen war. Ich verfügte über keine eigenen Mittel, konnte mir einen Flug nach Accra nicht leisten. Ich war in jeder Hinsicht auf Anthony angewiesen. Vielleicht, sagte ich mir auf der Rückfahrt, ist alles halb so schlimm. Vielleicht wird alles doch noch irgendwie gut. Ich muss mir Mühe geben. Anthony besänftigen. Ihm zeigen, dass ich ihm eine gute und treue Frau bin.

Doch so sehr ich mich auch bemühte, seine Wutausbrüche kamen immer wieder. Gingen wir durch die Straßen von Oberhausen und irgendein Fremder betrachtete mich länger als notwendig oder beging ich den »Fehler«, den freundlichen Blick eines Passanten zu erwidern, dann wurde ich später quälend verhört. Wer das gewesen sei. Woher ich diese Person kannte. Warum ich sie angelächelt habe. Wenn ich Pech hatte, steigerte Anthony sich derart in seine Wut hinein, dass er wieder zuschlug. Ohne Vorwarnung, aus dem Nichts heraus. Immer mit der Faust. Und immer auf die Augen, die er angeblich so liebte, die er so schön fand. Wie oft hatte er mir das gesagt. Als wollte er sie zerstören, diese Augen, die er einfach nicht unter Kontrolle bekam, die ihr eigenes Leben führten und andere Männer ansahen. Ihnen sogar zulächelte. Manchmal schlief ich schon und wachte von seinen Schlägen in mein Gesicht auf. Es wurde ein Reflex von mir, mein Gesicht beim geringsten Anzeichen von Gefahr zu verstecken. Es nützte nichts. Er traf immer wieder. Kaum waren die Blutergüsse abgeheilt, schlug er erneut zu.

Ich hatte es mir zur Angewohnheit gemacht, eine Sonnenbrille zu tragen. Auch im gra
uesten deutschen Winterwetter.

»Dein Mann schlägt dich doch«, sagte die afrikanische Friseurin, bei der ich meine Haare machen ließ.

»Nein«, log ich, »ich bin im Badezimmer ausgerutscht.«

Das Mädchen lachte bitter.

»Das sagen sie alle. Mach mir nichts vor, das sieht doch jedes Kind, dass du Prügel bekommst.«

Sie hatte recht, doch ich gab es nicht zu. Als könnte ich die Schläge dadurch ungeschehen machen. Aber tief in meinem Innern wusste ich: Es würde alles nur noch schlimmer werden.

Anthony arbeitete inzwischen beim britischen Militär, das damals im Düsseldorfer Nordpark stationiert war. Er hat mir nie erzählt, was genau er dort gemacht hat. Ich musste sogar irgendwelche Papiere unterschreiben, dass ich mit niemandem über seine Arbeit reden würde. Dabei wusste ich ohnehin nichts. Manchmal flog Anthony für ein paar Tage nach London. Ob im Auftrag seiner neuen Arbeitgeber oder in Sachen Restaurant, war mir unklar. Ich wusste nicht einmal, ob er das überhaupt noch besaß. Anthony war schon immer ein verschwiegener Mensch gewesen. Er hatte nie sehr viel gesprochen und jetzt erfuhr ich so gut wie nichts mehr.

Einmal ließ Anthony mich ohne Geld zurück. Ich hatte kein Essen zuhause und aß zwei Tage lang nichts. Mir war schlecht vor Hunger. Ich hatte keine Ahnung, was ich tun sollte. Da erinnerte ich mich an Freunde von Anthony, die in Mülheim lebten. Am besten fahre ich zu denen und leihe mir 10 Mark, dachte ich. Aber ich hatte auch kein Geld für die Fahrkarte, und schwarzfahren wollte ich nicht. Also stellte ich mich an den Bahnhof in Oberhausen und hielt die Hand auf. »Ich brauche eine Fahrkarte nach Mülheim«, erklärte ich den Leuten. Schließlich hatte ich das nötige Geld zusammengebettelt.

Der Freund meines Mannes ließ sich erweichen und lieh mir 10 Mark, keinen Pfennig mehr. Davon musste ich natürlich wieder die Rückfahrkarte bezahlen. Vom Rest hab ich mir ein paar Lebensmittel gekauft. Es hat gerade so gereicht, bis Anthony wieder da war.

Einmal kam während seiner Abwesenheit ein Brief von meinem Vater an, der damals in London lebte. Obwohl er an Anthony adressiert war, öffnete ich ihn. Er enthielt viel Geld, worüber ich mich freute. Wochenlang hatte ich meine Haare nicht machen lassen können und sah aus wie eine Vogelscheuche, daher nahm ich etwas vom Geschenk meines Vaters und ging zum Friseur.

Als Anthony nachhause kam, schlug er mich ganz fürchterlich. Ich solle gefälligst nie wieder seine Post anrühren.

»Aber sie kam von meinem Vater!«, schrie ich empört. »Von meinem eigenen Vater!«

»Das spielt keine Rolle! Von meiner Post lässt du die Finger.« Selbstverständlich hat er mir keinen einzigen Pfennig von diesem Geld gegeben.

Ein anderes Mal hatte Anthony mich derart geschlagen, dass ich mich danach nicht mehr nachhause getraut habe. Vor lauter Angst beschloss ich, lieber im Bahnhof zu schlafen. Meine Mutter hatte mir einst ein wunderschönes gewobenes Tuch geschenkt, das ich damals immer bei mir getragen habe. Ich setzte mich im Oberhausener Bahnhof auf eine Bank, deckte mich mit dem Tuch zu und versuchte zu schlafen. Um Mitternacht aber wurde ich geweckt.

»Du kannst hier nicht bleiben! Der Bahnhof wird abgeschlossen. Geh nachhause.«

Also musste ich doch wieder zurück. Da es so spät geworden war, habe ich natürlich wieder Prügel bekommen. Ich musste peinigende Fragen beantworten und erklären, wo ich so lange gesteckt hatte. Es war eine von Anthonys seltsamen Regeln geworden, dass er mir die Wahrheit grundsätzlich nicht abnahm. Ich begann mich zu fragen, ob er mir auch früher nicht geglaubt hatte, damals, in meinem glücklichen Leben in Accra, das mir jetzt Lichtjahre entfernt schien.

In München hatten mir die ghanaischen Freunde geraten, mich ans Arbeitsamt zu wenden. Unter Umständen würde man mir dort eine Umschulung bezahlen. Daher ging ich eines Morgens, ohne Anthony davon zu erzählen, zum Arbeitsamt.

Die Sachbearbeiterin prüfte meinen Pass und erklärte mir, dass eine bezahlte Umschulung für mich nicht infrage käme. Ich sei weder Aussiedlerin noch Asylantin, mein Mann sei Brite, und wenn ich hier in Deutschland eine Ausbildung machen wolle, müsse ich sie selbst finanzieren. Einen Umschulungsantrag könne ich erst dann stellen, wenn ich mindestens zwei Jahre in Deutschland gearbeitet hätte. Heute haben sie dieses Gesetz übrigens schon lange abgeschafft, aber damals gab es diese Fortbildungsmöglichkeit.

Dass ich in Ghana eine Ausbildung zur Programmiererin absolviert hatte, interessierte auf dem Amt niemanden. Sie sahen sich nicht einmal meine Zeugnisse an. Ein Diplom made in Afrika ist in Deutschland so viel wert wie ein Stück Altpapier.

»Es wird schwierig sein«, sagte die Sachbearbeiterin, »solange Sie kein Deutsch sprechen.«

Aber auch einen kostenlosen Sprachkurs gab es für mich nicht.

Die Sache ließ mich nicht los: Das Amt würde mir nach zwei Arbeitsjahren eine Umschulung finanzieren. Das war die Lösung. Dann wäre ich endlich von Anthony und seinen Launen unabhängig, hätte mein eigenes Geld und könnte meine Fortbildung ohne ihn schaffen.

»Wenn ich schon nicht studieren soll«, erklärte ich Anthony, »dann möchte ich wenigstens arbeiten.«

»Was willst du schon arbeiten?«, konterte er. »Du sprichst ja nicht mal Deutsch!«

»Dann belege ich eben einen Sprachkurs«, gab ich zurück. Da flippte er völlig aus.

»So«, sagte er drohend und seine Haare stellten sich gefährlich auf, Vorboten eines neuen Wutanfalls, »du willst also Deutsch lernen. Damit du besser mit deinen Liebhabern reden kannst?«

Und wieder schlug er zu. Ich verbarg mein Gesicht in den Kissen, doch es war nutzlos. So trug ich auch die Idee mit dem Sprachkurs zu Grabe. Nicht, dass es am Geld gemangelt hätte. Anthony verdiente sicherlich gut und auch meine Eltern, die er ständig um Geld bat, schickten ihm große Summen, wie ich später erfahren habe. Aber er war entschlossen, nicht in meine Ausbildung zu investieren. Und ohne Sprachkenntnisse kamen nur schlecht bezahlte Jobs infrage.

Aber ich war zu allem bereit. Alles war besser, als zuhause zu hocken und den Launen meines Mannes ausgesetzt zu sein.

Und dann kam Anthony eines Tages nachhause und erzählte mir mit einem aufgesetzten Lächeln, dass er einen Job für mich hätte.

»Was ist es?«, fragte ich voller Vorfreude.

»Du wirst putzen«, sagte Anthony. Und schien sich an meiner Enttäuschung zu weiden.

Ich weinte die ganze Nacht. Ich, die erfolgreiche Computerfachfrau, auf die meine Firma die schönsten Hoffnungen gesetzt und die in Accra in den vornehmsten Kreisen verkehrt hatte, ich sollte hier in Deutschland putzen gehen.

Egal, sagte ich mir. Es ist nur für zwei Jahre. Danach machst du deine Computerausbildung. Du bist zäh. Du hast schon Schlimmeres überstanden.

Der Bekannte, der uns die Oberhausener Wohnung besorgt hatte, vermittelte mir eine Putzstelle bei einer Firma, für die auch noch andere Ghanaerinnen arbeiteten. Besonders ein Mädchen war immer sehr nett zu mir, weshalb ich ihr mein Herz ausschüttete.

Sie war anerkannte Asylantin und erhielt daher regelmäßig Post vom Arbeitsamt. Da auch sie kein Deutsch konnte, brachte sie diese Briefe mit zur Arbeit, die unser Vorarbeiter in der Pause für sie übersetzte.

»Das ist ein Angebot für eine Umschulung. Du kannst Krankenschwester werden oder Sekretärin. Was ist dir lieber?«

Das Mädchen riss die Augen auf.

»Umschulung?«

»Du erhältst eine Ausbildung. Sie bezahlen sogar dafür.«

Das Mädchen spuckte auf den Boden.

»Pah! Ausbildung! Ich habe keine Lust aufs Lernen«, rief sie. »Warum lassen die mich nicht in Ruhe arbeiten. Das ist alles, was ich will. Arbeiten und Geld verdienen.«

Und damit riss sie den Brief in Fetzen.

Ich saß still dabei und hörte zu. Schluckte heimlich meine Tränen hinunter. Wie gerne würde ich etwas lernen, ganz egal was. Alles war besser, als zu putzen. So ist das, dachte ich verzweifelt: Die einen bekommen alles angeboten und wollen nicht. Und die anderen wollen zwar, dürfen aber nicht.

Wir putzten in der Musikhochschule Essen-Werden und so froh ich war, unserer kleinen Wohnung endlich entkommen zu sein und etwas zu tun zu haben, so schwer wurde mein Herz angesichts der fröhlichen, unbekümmerten Studenten, die ich täglich sah. Zu deutlich wurde mir vor Augen geführt, dass tatsächlich keine Ferien waren. Auch ich wollte studieren, weiterlernen. Ich putzte und weinte, die Tränen liefen mir fast ununterbrochen über das Gesicht.

Es gab in dieser Musikhochschule einen Raum, der es mir angetan hatte. Es war der Ballettsaal, ein großer Raum mit vielen Spiegeln. Hier herrschte eine ganz besondere, ja, fast heilige Atmosphäre. Ich kam mir vor wie in einer Kirche.

Ich weiß es noch wie heute, als ich diesen Saal zum ersten Mal putzte. Ich schloss die Tür und trat in die Mitte des Raumes. Dort kniete ich nieder und betete zu meinem Gott. Warum muss ich dies alles erleiden? Ich kam mir vor wie Hiob, den Gott prüft. Immer wieder sagte ich mir, dass Gottes Pläne groß sind und unbegreiflich. Aber sie haben einen Sinn. Und er bürdet uns immer nur genau so viel auf, wie wir tragen können.

Das alles wusste ich. Ich haderte nicht mit Gott. Ich suchte Zuflucht bei ihm. In Deutschland hatte ich noch keinen Anschluss an eine Kirchengemeinde gefunden. Für eine Weile war der Ballettsaal meine heimliche Kapelle. Jedes Mal, wenn ich dort gebetet hatte, fühlte ich mich gestärkt. Gott war da, er hatte einen Plan mit mir und würde mir beistehen, auch wenn es noch so schlimm kommen sollte.

Eines Tages, ich war gerade tief ins Gebet versunken, ging die Tür auf und das ghanaische Mädchen, das sich so nett um mich kümmerte, stand auf der Schwelle.

»Was machst du denn da?«, wollte sie entgeistert wissen. Ich erhob mich rasch.

»Ich bete«, sagte ich, während ich mir die Tränen abwischte. »Ich habe großen Kummer. Du weißt doch, mein Mann schlägt mich …«

»Mach bloß weiter so«, schnitt sie mir das Wort ab, »wenn dich der Vorarbeiter so sieht …!«

Und damit schlug sie die Tür wieder zu. Ich dachte, sie wäre eine Art Freundin. Doch ich hatte mich auch darin getäuscht.

Anthony gab mir zur Arbeit kein Geld mit. Ich konnte mir daher während der Pause nichts zu essen oder trinken kaufen. Alle anderen hatten Proviant mit, nur ich nicht. Hungrig saß ich dabei, wenn meine Kollegen aßen. Aber ich bin nicht umsonst die Tochter einer Makola-Marktfrau, und bald wusste ich mir zu helfen.

Ich beobachtete, dass viele Studenten ihre Pfandflaschen einfach so herumstehen ließen. Also sammelte ich sie ein und gab sie beim Kiosk ab. Für das Pfandgeld kaufte ich mir eine Cola und, sofern das Geld reichte, auch mal einen Müsliriegel. Wenn ich abends nachhause kam, begann das Verhör.

»Woher hast du Geld, dir eine Cola zu kaufen?«, wollte Anthony wissen. »Wer hat dir das gegeben?«

Die Geschichte mit den Pfandflaschen glaubte er mir nicht. Mein Gesicht bekam wieder seine Fäuste zu spüren. Es dauerte lange, bis ich begriff, dass mich dieses Mädchen aus meiner Heimat in Anthonys Auftrag tagtäglich ausspionierte.

Noch heute kann ich kaum fassen, wie sie das hatte machen können. Dass sie kein Mitleid mit mir gehabt hat. Dass sie so grausam gewesen war, mein Leid zu verschlimmern. Ich dachte immer, Afrikanerinnen würden zusammenhalten, bis ich eines Tages einsehen musste, dass das nicht der Fall ist.

Zunächst bekam ich Prügel, zu jeder Tages- und vor allem Nachtzeit. Meistens war ich schon im Bett, als Anthony damit anfing. Wie oft bin ich vor seinen Schlägen im Nachthemd hinaus auf die Straße geflohen, davongerannt. Und wie oft hörte ich hinter mir das Martinshorn eines Streifenwagens. Als hätten sie auf mich gewartet. Es war wie ein sich wiederholendes Ritual: Anthony schlug mich. Ich lief hinaus in die Nacht. Die Polizei sammelte mich ein und brachte mich wieder nachhause. Dann sah Anthony mich spöttisch an und fragte: »Und jetzt?«

Und alles ging von vorne los.

Wir hatten bei einer deutschen Bank ein gemeinsames Konto eröffnet, auf das auch mein Gehalt überwiesen wurde. Anthony warnte mich und drohte mir Prügel an, sollte ich jemals etwas davon abheben. Er behauptete sogar, dass dies ohne seine Unterschrift gar nicht möglich sei.

Dennoch ging ich eines Tages mit klopfendem Herzen und voller Furcht zur Bank. Ich hob probehalber 20 Mark ab. Es funktionierte. Die Frau am Schalter wollte meinen Pass sehen und gab mir dann anstandslos das Geld. Wenn es mir gelänge, dachte ich nun, immer wieder ganz unbedeutende Summen abzuheben und zu sparen, dann könnte ich mir irgendwann vielleicht das Rückflugticket kaufen. Aber auch dieser Plan schlug fehl. Selbstverständlich hatte Anthony die Auszahlung nach kurzer Zeit registriert. Selbstverständlich schlug er mich grün und blau, damit ich so etwas nie wieder täte.

Ich habe alles versucht, um wieder nach Ghana zurückzukehren. Ich ging zur Polizei und flehte die Beamten an, mich abzuschieben. Doch sie studierten meinen Pass und reichten ihn mir zurück.

»Wir können Sie nicht abschieben. Ihr Mann ist britischer Staatsbürger. Gehen Sie nachhause.«

»Aber mein Mann schlägt mich«, erklärte ich verzweifelt. Sie zuckten mit den Schultern. »Das ist nicht unsere Angelegenheit«, war die Antwort.

Die Nachbarn hörten weg, wenn es bei uns Streit gab. Auch wenn unsere Auseinandersetzungen nicht zu überhören waren: Anthonys wütendes Gebrüll, mein Weinen und Rufen nach Hilfe, die Geräusche, wenn er mich schlug.

Und dann war ich wieder draußen, im Nachthemd, auf der Straße, ob es stürmte oder schneite. Alle sahen weg. Niemand mischte sich ein. Das ist in Deutschland ganz anders als in Afrika, wo die Nachbarn nicht tatenlos dabei zusehen, wenn ein Mann seine Frau schlägt. Die öffentliche Kontrolle ist dort viel größer. Doch ich bekam von niemandem Hilfe. Ganz im Gegenteil: Statt mich zu schützen, half die Polizei meinem Mann sogar, mich weiterhin zu misshandeln, indem sie mich immer wieder an ihn auslieferte. Sein Pass wies ihn als Engländer aus, beschäftigt beim britischen Militär. Niemand wollte sich mit Anthony anlegen, auch nicht die Polizei.

Es schien, als gäbe es für mich keinen Ausweg. Und doch nahm mein Leben eines Nachts eine ungeahnte Wendung.

DIE RETTENDE TÜR

Der Abend begann wie viele andere zuvor. Anthony war schlecht gelaunt. Ich konnte es ihm an den Augen ansehen. Ich war müde von der Arbeit gekommen und wollte schlafen, aber in unserer Einraumwohnung konnte man sich nicht einfach zurückziehen. Ich war ihm ausgeliefert.

Bislang war ich, wenn Anthony mich zu sehr geschlagen hatte, immer zur Haustür hinausgelaufen. Doch unsere Wohnung lag im Erdgeschoss und hatte auch eine Tür, die in den Innenhof führte. In dieser Nacht, ich weiß nicht warum, nahm ich die Hintertür und rannte durch den Hof auf die Ausfahrt zu. Es war Winter und bitterkalt. Ich trug nur mein Nachthemd. Da hörte ich ein leises Rufen. Es war die Stimme einer Frau.

Diese Frau wohnte in einem kleinen einstöckigen Häuschen im Hof. Sicherlich hatte sie schon oft unsere Auseinandersetzungen mit angehört, es konnte gar nicht anders sein. Zuvor hatte sie mir nie geholfen, aber in jener Nacht, als sie mich durch den Hof rennen sah, da ergriff sie die Initiative.

»Komm rein, schnell«, rief sie leise auf Englisch und winkte mich zu sich.

Ich sah mich um. Ihre Tür stand offen. Ich wusste nicht, was ich tun sollte. Diese Frau erschien mir wie ein Engel.

»Komm rein!«, rief sie erneut.

Am ganzen Körper zitternd, folgte ich ihr ins Haus. Sie reichte mir eine Decke, in die ich mich fest einwickelte.

»Hast du Familie in Deutschland?«, fragte sie mich, nachdem ich mich ein bisschen beruhigt hatte.

Ich schüttelte den Kopf. Nein, ich war ganz allein in diesem immer noch fremden Land. Aber ich verstand, was sie meinte. Hätte ich hier Familie, würde sie mir raten, zu ihr zurückzugehen. Aber ich hatte niemanden in Deutschland. Niemanden außer Anthony.

»Warum gehst du nicht in deine Heimat zurück?«, wollte sie wissen.

»Ich hab kein eigenes Geld«, sagte ich. Und schämte mich entsetzlich. Dass ausgerechnet ich einmal in eine solche Lage kommen würde, das hätte ich mir niemals träumen lassen. Doch nun saß ich hier, mit nichts als einem Nachthemd auf der bloßen Haut, in einem fremden Land.

»Was ist nur mit den afrikanischen Männern los? Ich kenne viele Afrikaner, die ihre Frauen schlagen.«

»Wirklich?«, fragte ich erstaunt. Bislang hatte ich geglaubt, ich sei die Einzige auf der Welt, der so etwas passiert.

»Klar. Und nicht nur Afrikaner. Darum gibt es in Deutschland Frauenhäuser. Hast du schon mal davon gehört?«

Ich schüttelte den Kopf. Die Frau stand auf und begann, Tee zu kochen.

»Übrigens«, sagte sie, »ich heiße Marlies. Und wenn du willst, kannst du heute Nacht bei mir bleiben. Da rüber solltest du wohl besser nicht mehr gehen.« Sie deutete mit dem Kopf in Richtung unserer Wohnung. Ich merkte, dass ich zitterte, was nicht nur an der Kälte lag, die ich immer noch in den Knochen hatte. Aber ich wusste, Anthony würde sich nicht die Mühe machen, mir zu folgen. Bislang hatte mich noch immer die Polizei zurückgebracht. Warum sollte es dieses Mal anders sein? Er ahnte ja nicht, dass ich auf einmal unerwartet Hilfe erhalten hatte. Und das war auch gut so.

Allmählich begann ich, mich zu entspannen. Marlies goss den Tee auf und stellte bald darauf einen dampfenden Becher vor mich hin. Ich ergriff ihn, als wäre er ein Rettungsanker, und legte beide Handflächen um die Tasse.

»Was sind denn Frauenhäuser?«, wollte ich wissen.

»Da können Frauen hin, die von ihren Männern misshandelt werden«, sagte Marlies, als wäre dies das Selbstverständlichste auf der Welt. »Dort können sie eine Weile wohnen, bis sie wieder auf die Beine kommen.«

»Und warum holen die Ehemänner die Frauen dort nicht wieder raus?«

Marlies lächelte. »Weil die Adressen geheim sind. Niemand erfährt sie, nur die Frauen, die dort wohnen.«

Ich war hellwach. Dies schien eine Möglichkeit zu sein. Doch zu oft war ich bereits abgewiesen worden, um gleich wieder Hoffnung zu schöpfen.

»Mein Mann ist Engländer«, sagte ich, »und er arbeitet beim Militär.«

»Ich glaube nicht, dass das ein Problem ist. Wenn er dich

EIN TRAUM ZERBRICHT

schlägt, und das tut er, wie ich selbst bezeugen kann, dann hast du ein Recht darauf, in ein Frauenhaus zu gehen. Wenn du willst, dann helfe ich dir.«

Ich konnte es kaum glauben. Diese Frau wollte mir tatsächlich helfen. Gott hatte mich nicht vergessen!

»Möchtest du in ein Frauenhaus gehen?«, wollte Marlies wissen.

Natürlich wollte ich das. Auf einmal tat sich in meiner hoffnungslosen Situation ein Ausweg auf. Ich liebte Anthony, liebte ihn mit aller Kraft, mit Haut und Haar. Aber es war vollkommen unmöglich geworden, mit ihm zusammenzuleben. Inzwischen war ich seit fast einem Jahr in Deutschland und mein Leben hatte sich in eine derartige Katastrophe verwandelt, wie ich es nie für möglich gehalten hätte. Wie alle Frauen, die von ihren Männern geschlagen werden, hatte ich viel von meinem Stolz und Selbstwertgefühl eingebüßt. Permanent befand ich mich in einer Art Schockzustand, hin und her geworfen zwischen Verzweiflung und Hoffnung, zwischen Depression und dem Glauben, dass sich alles wieder zum Guten wenden würde, wenn nur, ja wenn irgendetwas geschehen würde, von dem ich selbst nicht wusste, was das sein könnte.

Ich kannte Anthony schon so lange. Immer hatte er mich zuvorkommend und mit großer Achtung behandelt, mit Liebesbeweisen überschüttet und verwöhnt. Der Anthony, mit dem ich hier in Deutschland in dieser winzigen Wohnung eingesperrt war, der mich misshandelte und ausspionierte, der verschwand und mich allein ließ, dann auf einmal wiederkam und Rechtfertigungen von mir wollte, die ich nicht geben konnte, dieser Anthony schien mir ein völlig anderer zu sein als der Mann, den ich in Ghana geheiratet hatte. Immer noch hoffte ich, dass unsere Ehe irgendwie zu retten war. Aber in jener Winternacht, in die Decke dieser freundlichen Nachbarin gewickelt, da erkannte ich, dass sich nichts ändern würde, wenn ich jetzt wieder zu Anthony zurückging. Der Kreislauf aus Eifersucht, Misstrauen, Kontrolle und Schlägen, Argwohn und Aggressivität war nicht zu durchbrechen.

»Ja«, sagte ich, »ich möchte in so ein Frauenhaus gehen.«

Marlies brachte mir eine weitere Decke und wir legten uns schlafen, sie in ihrem Schlafzimmer und ich auf der Couch im Wohnzimmer. Erst jetzt merkte ich, dass ich etwas krampfhaft in der Hand hielt, einen kleinen metallenen Gegenstand. Es war der Schlüssel zur Hintertür unserer Wohnung. Ich hatte es mir zur Angewohnheit gemacht, bei meinen Fluchten blitzschnell den Schlüssel aus dem Schloss zu ziehen, ehe ich in die Nacht hinausrannte. Es war wie ein Instinkt, der mir sagte, dass ich mir den Rückweg sichern müsste, falls mir draußen noch größere Gefahren drohten. Bewusst war mir das nicht gewesen, noch nie hatte ich den Schlüssel gebraucht, immer hatte mich bislang die Polizei zurückgebracht. Wer weiß, wozu der Schlüssel gut ist, dachte ich.

Ich glaube, wir taten beide in dieser Nacht kein Auge zu. Als es endlich Morgen wurde, kochte Marlies für uns Tee. Dann griff sie zum Telefon.

Es stellte sich heraus, dass Gott mir tatsächlich einen Engel geschickt hatte. Einen Engel, der nicht nur freundlich und hilfsbereit war, sondern darüber hinaus auch über die nötigen Informationen verfügte. Doch offenbar war es nicht ganz so einfach, wie sie gedacht hatte.

Marlies telefonierte mit allen Frauenhäusern der Umgebung, in Mülheim und in Essen, aber dort waren die Frauenhäuser belegt. Schließlich rief sie in Düsseldorf-Benrath an und dort sagte man ihr, ich dürfe kommen.

Es war schon verrückt. Da stammte ich aus dem fernen Accra in Ghana und hatte nie zuvor von einer Stadt namens Düsseldorf gehört, die schließlich meine Schicksalsstadt wurde. Anthony hatte mir damals von allen Städten dieser Welt ausgerechnet eine Visitenkarte aus Düsseldorf gezeigt. Und die hat mich zur Abreise aus Ghana bewegt. Von allen Frauenhäusern der Umgebung war ausgerechnet in Düsseldorf-Benrath ein Platz für mich frei gewesen. Es kann kein Zufall sein, dass der Verein *African Angel* in Düsseldorf gegründet und eingetragen worden ist. Accra und Düsseldorf scheinen meine Ankerpunkte zu sein.

Marlies gab mir Kleider und Schuhe von ihr. Ihre Sachen waren mir ein bisschen zu groß und ich musste aufpassen, die Schuhe nicht zu verlieren, aber ich war ihr unendlich dankbar. Schließlich hätte ich mich nicht barfuß und im Nachthemd auf den Weg von Oberhausen nach Benrath machen können. Auch Geld für die Zugfahrt bekam ich von meiner Retterin. Dann erklärte sie mir, was ich zu tun hätte:

»Du nimmst den Zug von Oberhausen nach Düsseldorf und dann die S-Bahn nach Benrath. Ein paar hundert Meter vom Bahnhof entfernt findest du eine gelbe Telefonzelle. Von dort aus rufst du diese Nummer hier an. Das ist das Frauenhaus. Dann kommt dich jemand abholen.«

Wie üblich hatte ich nicht die Anschrift des Frauenhauses erhalten. So wird vermieden, dass die Adressen bekannt werden und womöglich in die Hände der Ehemänner fallen. Die Sicherheit aller Frauen, die in diesen Einrichtungen Zuflucht suchen, hängt von der Anonymität der Häuser ab.

Alles geschah genau so, wie Marlies es mir erklärt hatte. Mit klopfendem Herzen schlich ich mich zum Bahnhof. In Düsseldorf achtete ich sorgfältig darauf, von keinem der Bekannten meines Mannes gesehen zu werden. Erst in Benrath fühlte ich mich ein wenig sicherer. Ich fand die Telefonzelle und wählte die Nummer.

»Okay, Harriet«, sagte eine entschlossene Frauenstimme, »in einer halben Stunde ist jemand bei dir und holt dich ab.«

Ich werde nie vergessen, wie ich zum ersten Mal das Frauenhaus betrat. Es war ein unscheinbares Haus mit drei Stockwerken. Überall sah ich Frauen aus den Zimmern schauen. Ich hörte Kindergeschrei und die beruhigenden Stimmen von Müttern.

Ich wurde zuerst ins Büro gebracht, wo sich die Sozialarbeiterinnen mit mir unterhielten. Sie ließen mich erzählen, stellten ihre Fragen. Erklärten mir, wie so ein Frauenhaus »funktioniert« und dass sie mir helfen würden, ein eigenes Leben aufzubauen. Aber ich hätte mich auch an bestimmte Regeln zu halten. Ich müsse ehrlich mit ihnen sein. Ich dürfe keine doppelten Spiele spielen. Wenn ich zu meinem Mann zurückging, dann wäre das meine Sache. In diesem Fall müsste mein Mann für die Kosten im Frauenhaus aufkommen. Unter keinen Umständen dürfte ich jemandem von außen erzählen, wo sich das Frauenhaus befindet.

Ich hatte nicht vor, es jemandem zu erzählen. Wem auch, dachte ich traurig. Ich hatte niemanden. Meine Arbeitskolleginnen gehörten schon lange nicht mehr zu meinen Vertrauten. Und sonst kannte ich nur Anthonys Freunde.

Schließlich führten sie mich in einen Schlafsaal, in dem zwölf Frauen beisammen wohnten. Ganz hinten wiesen sie mir ein Bett zu. Die Frauen mit Kindern hatten eigene Zimmer. Aus einem schaute eine Afrikanerin, ungefähr in meinem Alter, und lächelte mir freundlich zu. Ein Kind schlief in ihrem Arm, ein anderes spielte zu ihren Füßen.

»Hi«, sagte sie auf Englisch, »ich bin Mary-Ann. Ich komme aus Ghana. Und du?«

UNTER FRAUEN

Ich hatte endlich eine Freundin gefunden, jedenfalls glaubte ich das damals. Mary-Ann war mit ihren beiden Kindern und ihrer Mutter ins Frauenhaus gekommen. Moses, ihr Mann, hatte sie geschlagen. Selbst die Anwesenheit der Schwiegermutter hatte Moses nicht davon abgehalten, seine Frau weiterhin zu prügeln. Mary-Anns Mutter war angesichts dieser Missachtung ihrer Person in Ohnmacht gefallen und hatte mit Blaulicht ins Krankenhaus gefahren werden müssen. Natürlich hatte ihre Tochter sie

EIN TRAUM ZERBRICHT

begleitet, mitsamt der Kinder. Vom Krankenhaus waren sie direkt ins Frauenhaus gekommen. Und dort saßen sie nun, so wie viele. So wie auch ich.

Ich weinte fast ununterbrochen während meiner ersten Zeit im Frauenhaus. Ich weinte aus vielerlei Gründen: über die absurde Sackgasse, in die ich geraten war, über meine ungewisse Zukunft. Aus Heimweh nach Bernard und den anderen Verwandten. Aus Heimweh nach Afrika. Und über das Scheitern meiner Ehe. Erst jetzt merkte ich, wie angespannt ich die ganzen vergangenen Wochen gewesen war. Doch auch im Frauenhaus bekam ich anfangs noch keine Ruhe.

Es dauerte keine zwei Tage, da wusste mein Mann, wo ich war. Ich habe keine Ahnung, wie er die Adresse herausbekommen hat. In einem britischen Militärjeep fuhr er mit seinen Kollegen vor. Eine der Frauen hatte es bemerkt und wir liefen alle an die Fenster.

»Jetzt kommen sie mich holen«, flüsterte ich voller Entsetzen.

»Unsinn«, sagte Mary-Ann, »das schaffen die nicht. An Hildegart kommt niemand vorbei.«

Wie erwartet, bestanden die Soldaten darauf, mich aus dem Haus zu holen. Ich sei die Frau eines britischen Soldaten und aus den Angelegenheiten des britischen Militärs sollte sich das Frauenhaus gefälligst heraushalten.

Aber sie kannten Hildegart und ihre Kolleginnen nicht. Es waren starke Frauen, die nicht zuließen, dass Anthony mich wieder in die Finger bekam. Das Gespräch dauerte wohl eine halbe Stunde und wir hörten von unten herauf laute Worte. Es wurde hart verhandelt, ich lauschte zitternd im obersten Stockwerk, wohin ich mich verkrochen hatte. Schließlich zogen die Soldaten wieder ab und ich atmete auf.

Doch es tauchte bald ein anderes Problem auf. Bei meiner Flucht hatte ich alles zurückgelassen. Mir ging es nicht um meine

Kleidung; das Frauenhaus verfügte über einen großen Fundus an gespendeten Kleidungsstücken, aus denen ich mir aussuchen durfte, was ich brauchte. Das waren sehr gute Sachen, ein paar dieser Dinge trage ich sogar heute noch, nach all den Jahren, so gut ist die Qualität.

Aber ich hatte meine Papiere zurückgelassen, und die brauchte ich. Was also tun?

Glücklicherweise hatte ich den Schlüssel zur Hintertür mitgenommen. Dieser und das Nachthemd waren sozusagen das Einzige, was ich aus meinem früheren Leben herübergerettet hatte. Aber konnte ich einfach so in unsere gemeinsame Wohnung spazieren und mir meinen Pass und alles Weitere holen? Ich hatte keine Ahnung, was passieren würde, stünde ich Anthony auf einmal gegenüber, und ich wollte es mir auch lieber nicht ausmalen.

Es dauerte ein paar Tage, bis ich genügend Mut beisammen hatte. Eine der Sozialarbeiterinnen des Frauenhauses bot an, mich zu begleiten. Ich wusste, wann Anthony bei der Arbeit war, jedenfalls normalerweise. Er konnte aber auch zuhause sitzen und auf mich warten. Vielleicht war ihm der fehlende Schlüssel aufgefallen. Oder er konnte unvermittelt zurückkommen und uns überraschen. Überhaupt rechnete ich damit, dass er die kostbaren Papiere, ohne die ich in Deutschland gefangen und auf ihn angewiesen war, längst an sich genommen hatte.

Ich weiß nicht, wie oft ich in meiner Vorstellung zurück in die Wohnung kehrte. Die Papiere befanden sich in meiner Handtasche, die neben der Haustür auf einem Schränkchen lag. Erst vor Kurzem hatte ich in einem Schreibwarengeschäft zwei passende Klarsichthüllen für die Aufenthaltsgenehmigung, die Arbeitserlaubnis und den Pass gekauft. Ich habe es gerne ordentlich und hatte darum meine Unterlagen fein säuberlich darin verstaut. Auch für meinen Mann hatte ich das so vorgesehen, aber dann hatte ich doch nicht den Mut, es ihm zu zeigen. Wer weiß, dachte ich, ob er nicht wieder Anstoß nehmen würde an

EIN TRAUM ZERBRICHT

dieser Geldverschwendung. Oder daran, dass ich ohne ihn in einem Schreibwarengeschäft gewesen war und derart eigenmächtig gehandelt hatte. Also befand sich die Klarsichthülle, die für ihn bestimmt war, unbenutzt in meiner Tasche.

Eines Morgens wagten wir es. Mit rasendem Herzen betrat ich die Wohnung durch die Hoftür. Nichts. Alles war still. Dort lag meine Handtasche. Ich öffnete sie und suchte. Und tatsächlich! Wie durch ein Wunder fand ich ganz unten in einer Seitentasche, genau dort, wo ich es eingeräumt hatte, das Gesuchte: meinen Pass und alle weiteren Dokumente.

Rasch packte ich noch zwei Koffer mit Kleidern voll und vergaß auch das Tuch nicht, das mir meine Mutter geschenkt hatte. Dann verschwanden wir wieder. Anthony muss vor Zorn getobt haben, als er merkte, dass ich in der Wohnung gewesen war. Zu spät. Ich hatte mir geholt, was ich brauchte.

Erst viel später erfuhr ich, warum meine Papiere seiner Suche entgangen waren. Natürlich hatte er die ganze Wohnung nach ihnen durchkämmt. Klar, dass er auch in der Handtasche nachgesehen hatte. Aber Männer sind nun einmal nicht geübt in den Geheimnissen einer Frauentasche. Er hatte die leere Klarsichthülle gefunden und gedacht, ich hätte vor meiner Flucht doch noch irgendwie die Zeit gehabt, um die Unterlagen aus der Hülle zu nehmen. Davon war er so überzeugt gewesen, dass er nicht weitergesucht hatte – in dem Seitenfach schon gar nicht.

So sind es manchmal Kleinigkeiten, die einen retten können.

Ich bin insgesamt sieben Monate im Frauenhaus geblieben. Wenn die anderen mal rausgehen wollten, einkaufen, jemanden besuchen oder einfach mal etwas unternehmen, dann hütete ich die Kinder. Bald war es klar: Die Harriet, die bleibt ohnehin zuhause und auf die Kinder passt sie gerne auf. Und so war es auch.

Ich saß im Frauenhaus und betrachtete die Scherben meines Lebens. Ich brauchte Zeit, um das Geschehene zu verdauen. Immer wieder wachte ich nachts auf und glaubte, Anthony traktiere mich mit seinen Fäusten. Mein Gesicht konnte endlich in Ruhe abschwellen, ohne dass es gleich wieder übel zugerichtet wurde. Doch meine inneren Wunden heilten nur langsam. Dennoch habe ich die Zeit auch sehr genossen. Diese Gemeinschaft von so unterschiedlichen Frauen, die oft nur eine einzige Sache verband – die Gewalt ihrer Männer. Stundenlang erzählten wir uns davon. Und lachten über sie. Ja, oft war es das gemeinsame Lachen, das die Wunden zwar nicht schloss, aber erträglich machte. Und die Erfahrung: Du bist nicht die Einzige, der das passiert ist. Denn tief im Innern sitzt immer auch der Gedanke, irgendetwas falsch gemacht zu haben – sonst hättest du die Prügel nicht bekommen. Wie misshandelte Kinder glauben auch wir Frauen, »es irgendwie doch verdient zu haben«. Natürlich ist das Unsinn und in den gemeinsamen Gesprächen begriffen wir das nach und nach.

Ich wollte wieder arbeiten. Am liebsten wäre mir eine Weiterbildung gewesen, schließlich war ich deswegen nach Deutschland gekommen. Wenn ich nun nicht an der Computerschule studieren konnte, dann wollte ich eben etwas anderes lernen.

Die Mitarbeiterinnen des Frauenhauses halfen mir dabei. Es gab die Möglichkeit, in einem Krankenhaus eine Ausbildung zur Krankenschwester zu machen. Ich stellte mich vor. Sie gaben mir tatsächlich die Chance. In ein paar Wochen sollte es losgehen. Ich freute mich. Doch es gab eine Hürde, die mir Kopfschmerzen bereitete. Um die nötigen Papiere zusammenzubekommen, musste ich mich mit Anthony treffen. Zuerst war ich voller schlimmer Befürchtungen, umso mehr freute ich mich, als er sich am Telefon überaus freundlich und verständig zeigte.

Wir trafen uns in einem Café. Er unterschrieb die Papiere, die ich für die Ausbildung brauchte, ohne jede Diskussion. Dann sah er mir in die Augen.

»Harriet, weißt du, dass du die einzige Frau bist, die ich jemals geliebt habe?«

Ich versuchte, wegzusehen. Doch er war noch nicht fertig. »Und das wird immer so bleiben. Auch wenn du mich verlassen hast. Auch wenn du nichts mehr von mir wissen willst. Du bist meine einzige große Liebe.«

Ich betrachtete ihn. Er war immer noch ein ausgesprochen gut aussehender Mann. Einer, dem die Frauen verstohlene Blicke zuwarfen, auch weiße Frauen. Und ich konnte nicht umhin, zu denken, dass auch er meine einzige große Liebe ist. In mir breitete sich ein grenzenloses Bedauern darüber aus, wie alles gekommen war.

»Warum fangen wir nicht einfach von vorne an?«

Er sah mich unverwandt an. Ich schüttelte den Kopf.

»Es ist vorbei, Anthony«, sagte ich, doch meine Stimme zitterte dabei. »Du hast mir zu sehr wehgetan. Es hat keinen Sinn mehr.«

Aber bei diesem Treffen wurde mir schmerzlich klar, dass er immer noch große Macht über mich besaß. Es war lange her, dass er so freundlich mit mir gesprochen hatte. Könnten wir doch die Zeit zurückdrehen, dachte ich, könnten wir doch tatsächlich noch einmal von vorne anfangen.

Er rief immer wieder an. Wir trafen uns erneut. Er sagte, er habe eingesehen, dass er viele Fehler gemacht habe. Er hätte mich nicht so schlagen dürfen, er würde das nie wieder tun, sollte ich mich entscheiden, zurückzukommen.

Ich blieb skeptisch. Doch gab es durchaus Beispiele aus dem Frauenhaus, wo eine Frau wieder zu ihrem Mann zurückfand, nachdem der erst einmal eingesehen hatte, dass er nicht ungestraft tun und lassen konnte, was er wollte. Für manche Männer ist es eine heilsame Erfahrung, wenn sie erleben müssen, dass Frau und Kinder auf einmal nicht mehr da sind und im Frauenhaus Unterschlupf und Unterstützung gefunden haben. Meine Freundin Mary-Ann war erst vor Kurzem zu ihrem Moses zurückgekehrt. Er sei ein anderer Mensch geworden, erzählte sie bei einem Besuch. Warum sollte sich nicht auch Anthony ändern können? In

Ghana war er ein völlig anderer Mensch gewesen. Hatte es vielleicht wirklich an den schwierigen Umständen gelegen, die wir in Deutschland zunächst angetroffen hatten? An der beengten Wohnsituation? Am schlechten Einfluss seiner Freunde?

Ich ließ mir Zeit. Erzählte niemandem davon.

Anthony überraschte mich bei unserem nächsten Treffen damit, dass er mir eine Wohnung zeigte, die er für uns gemietet hatte. Endlich eine richtig große und schöne Wohnung, mit Küche und Badezimmer, Schlaf- und Wohnzimmer. Eine Wohnung, um die ich so sehr gebeten hatte.

»Hier können wir neu beginnen«, sagte Anthony und sah mich flehend an.

Ich musste an jenen Karfreitag vor so vielen Jahren denken, als ich ihn zum ersten Mal gesehen hatte. Noch immer verfügte er über ungeheuer viel Charme. Ich liebte ihn, würde ihn immer lieben. Wir waren verheiratet. Sollte ich unserer Liebe nicht noch einmal eine Chance geben?

Ich stellte Bedingungen: dass er mich nie wieder schlagen sollte, andernfalls würde ich ihn endgültig verlassen. Dass er mit jenen afrikanischen Freunden brechen sollte, die gegen mich waren und mich ausspioniert hatten. Dass ich meine Ausbildung zur Krankenschwester machen und mein eigenes Geld behalten würde. Und noch weitere Details, die mir wichtig schienen. Anthony ging auf alles ein. Er übertraf sich sogar noch, indem er mich die Wohnung einrichten ließ. Aus einem Katalog durfte ich mir Haushaltsgeräte aussuchen. Nichts war ihm zu kostspielig, nichts hielt er für überflüssig. Ich sollte alles so haben, wie ich es wollte.

»Wenn ich zu dir zurückkomme, dann musst du die Kosten fürs Frauenhaus bezahlen.«

Anthony schaute mich entsetzt an.

»Wie viel wird das sein?«, wollte er wissen.

»Keine Ahnung. Eine ganze Menge. Miete für sieben Monate. Und meine Verpflegung.«

Eine Weile sagte er nichts. Dann sprachen wir über andere Details der Wohnungseinrichtung. Schließlich, als ich mich verabschiedete, sagte er:

»Hör mal, können wir das nicht umgehen, ich meine, das mit den Kosten fürs Frauenhaus? Was ist, wenn du ihnen nicht erzählst, dass du zu mir zurückgehst? Für das Geld könnten wir uns eine Menge kaufen, meinst du nicht?«

Auf dem Heimweg dachte ich darüber nach. Wir haben unsere Regeln, hörte ich Hildegart damals bei meiner Ankunft im Frauenhaus sagen. Ich wusste, wie man sie umgehen konnte. Ich müsste den Sozialarbeiterinnen nur erzählen, dass ich eine eigene Wohnung gefunden hätte und dort einziehen würde. Auch Mary-Ann hatte es so gemacht. Wenn dann auch mein Mann in meine Wohnung einziehen würde, wäre das meine Sache. Eine Weile kam ich mir schlecht vor. Dann verging dieses Gefühl. Anthony hatte recht. Mit diesem Geld konnte man eine Menge tun. Zum Beispiel endlich wieder etwas davon für Bernard nachhause schicken. Und vielleicht tatsächlich irgendwann nachhause fliegen.

»Ich habe eine Wohnung gefunden«, erzählte ich den Sozialarbeiterinnen im Frauenhaus. »Zum nächsten Ersten ziehe ich aus.«

»Gratuliere!«, sagte Hildegart und schlug mir auf die Schulter. »Du wirst sehen, alles wird besser. Wie geht es denn mit Anthony?«

»Och, gar nicht schlecht. Vielleicht ändert er sich ja tatsächlich. Mal sehen, was so wird …«

»Sei vorsichtig«, riet mir Hildegart, »und pass gut auf dich auf! Und wenn alle Stricke reißen – du kennst ja die Adresse.«

Ich zog wieder aus, angeblich in meine eigene Wohnung. Ich hatte schon alles gepackt und saß mit den anderen Frauen zusammen, um mich zu verabschieden. Ich würde also nochmals alles auf eine Karte setzen. Ich wusste, dass es ein Risiko war.

Aber ich wollte unserer Ehe diese Chance geben. Auf einmal hatte ich eine Idee.

»Hör mal«, sagte ich zu Nadja, die auch im Frauenhaus wohnte, »kann ich meinen Pass bei dir lassen?«

»Klar, aber warum willst du das tun?«

Ich dachte nach. Erinnerte mich daran, wie schwierig es vor einigen Monaten gewesen war, an meine Papiere zu kommen. Natürlich hoffte ich, dass diesmal alles gut gehen würde mit Anthony. Aber wenn nicht ...

»Nur zur Sicherheit. Wenn ich erst einmal in der neuen Wohnung bin und alles läuft gut, dann kann ich ihn ja in ein paar Wochen wieder bei dir abholen.«

»Kein Problem«, sagte Nadja. »Vielleicht hast du recht. Sicher ist sicher.«

Und so ließ ich meine Ausweispapiere samt Arbeitsgenehmigung bei Nadja.

Ich war voller Freude und Hoffnungen, als ich in die neue Wohnung einzog. Alles war wunderschön geworden, die Möbel, die Küche, das Schlafzimmer. Hinter dem Haus war sogar ein Garten, den sich die Mieter teilten. Hier könnten wir endlich miteinander glücklich werden, dachte ich, als ich meine Sachen auspackte.

Ich war überzeugt, dass jetzt alles gut würde. Ich hatte meinem Mann gezeigt, dass ich auch ohne ihn in der Lage war, mich in diesem fremden Land zurechtzufinden. Wie schon früher glaubte ich, dass es ihm imponierte, dass ich es ganz allein geschafft hatte, von einer ungelernten Putzfrau zur Schwesternschülerin aufzusteigen.

Und tatsächlich verbrachten wir die ersten Tage wie in den Flitterwochen. Anthony schien sich an seine Versprechen zu halten. Ich machte meine Ausbildung im Krankenhaus und sog alles wissbegierig in mich auf. Es sah ganz so aus, als wären wir endlich ein ganz normales, glückliches und harmonisches Ehepaar. Doch auch dieses Glück sollte nicht von Dauer sein.

VI. ALLEIN IN DER FREMDE

GANZ UNTEN

Es fing damit an, dass ich Anthony dabei ertappte, wie er doch wieder mit diesen Leuten loszog. Es waren unsere Landsleute, dieselben, die Anthony gegen mich aufgehetzt hatten. Jedenfalls behauptete er das.

Anthony hatte es mir versprochen: Zu unserem Neuanfang sollte auch gehören, dass er mit diesen sogenannten Freunden brach. Eines Abends läutete es an unserer Haustür. Anthony zog sich eine Jacke über.

»Mit wem gehst du aus?«, fragte ich.

»Ach …, die kennst du nicht.«

»Willst du sie mir nicht vorstellen?«

»Ein anderes Mal, Harriet, jetzt bin ich in Eile.«

Und schon war er zur Tür hinaus.

Ich ging ihm nach. Vom Treppenabsatz aus konnte ich sie schon sehen. Es war die alte Clique. Ich folgte ihnen die Straße entlang, dann klatschte ich in die Hände. Anthony drehte sich um, ich sah ihn nur an. Dann ging ich zurück ins Haus. Ich war enttäuscht. Wir hatten beschlossen, unser neues Leben nicht mit Lügen zu beginnen.

Warum diese Leute so gegen mich eingenommen waren, habe ich nie herausfinden können. In der Gruppe waren auch einige Frauen gewesen, unter anderem das Mädchen, das mich während unseres gemeinsamen Putzjobs ausspioniert hatte. Vielleicht hatten sie geglaubt, dass sie bei Anthony eine Chance hätten, wenn er sich nur von mir trennte? Ich weiß es nicht. Ich habe diesen Leuten nie etwas getan.

Die Flitterwochen waren schnell verflogen. Dennoch war ich nicht darauf vorbereitet, was mich als Nächstes erwarten sollte. Hätte ich es geahnt, ich wäre sofort wieder weggelaufen. Doch genau das wollte Anthony mit allen Mitteln verhindern. Er wollte mich bei sich haben, für immer. Er musste sich sicher sein, dass ich ihm nie mehr entkommen konnte. Bis heute verstehe ich nicht, wie er hatte glauben können, dass ihm das je gelänge. Wer mich kennt, der weiß, dass mein Wille unbezähmbar ist. Man kann mich einschüchtern und einsperren, aber meinen Willen kann man nicht brechen. Genauso wenig wie man mir die selbstverständliche Freiheit nehmen kann, das zu tun, was ich möchte.

Die Katastrophe geschah schon am folgenden Morgen. Ich hatte Frühschicht und wollte mich gerade auf den Weg ins Krankenhaus machen. Da packte Anthony mich ohne Vorwarnung und warf mich gegen die Wand. Mit seiner rechten Hand umspannte er meine Kehle und drückte mich so immer fester gegen die Wand.

»Wo sind deine Papiere?«, wollte er wissen.

Ich konnte nur röcheln. Wehrte mich. Schrie so laut ich konnte, sobald ich ein bisschen Luft in die Lungen bekam. Wir wohnten in einer guten Gegend. Im Haus lebten noch andere Familien. Man musste mich doch einfach hören.

»Wo deine Papiere sind, will ich wissen!«

Offenbar hatte er nach ihnen gesucht, tagelang, und sie nicht gefunden. Konnte er auch nicht, sie waren ja bei Nadja im Frauenhaus.

Verzweifelt wehrte ich mich. Ich bin kräftig, doch gegen Anthony kam ich körperlich nie an. Auf einmal bemerkte ich, dass er in der ganzen Wohnung die Rollläden heruntergelassen hatte. Kein Wunder, dass mich niemand hörte.

Er würgte mich immer stärker. Mich befiel Todesangst. Er würde mich hier strangulieren, ohne dass es jemand mitbekäme. Auf einmal wuchsen in mir Riesenkräfte. Ein paar Sekunden war Anthony etwas unaufmerksam und schon hatte ich mich losgerissen. Mit zwei großen Schritten war ich beim nächsten Fenster, riss den Rollladen hoch und sprang mit beiden Füßen in die Scheibe.

Es gab einen lauten Knall. Die Scherben prasselten hinunter auf den Gehsteig, auf Passanten und parkende Autos. Doch da hatte Anthony mich schon wieder zurückgerissen. Wieder presste er mich mit der Hand an der Kehle gegen die Wand.

»Ich will deine Papiere, du Schlampe! Wo hast du sie versteckt?«

Ich wehrte mich verzweifelt. In meinen Beinen tobte ein dumpfer Schmerz.

Auf einmal wurde es im Zimmer dunkel. Das Licht war ausgegangen. Nur einen Moment lang, aber wir waren beide irritiert. Mir verschaffte diese Schrecksekunde ein paar Atemzüge Luft. Wieder schrie ich, so laut ich nur konnte.

Dann ging alles sehr schnell. Auf einmal standen Polizisten bei uns im Zimmer. Anthony ließ von mir ab. Ich sah an mir herunter. Alles war voller Blut. Vor Schreck und Schmerz schrie ich wieder.

Was dann geschah? In meiner Erinnerung sehe ich die Ereignisse wie einzelne Filmschnipsel in einem heillosen Durcheinander: ein Polizist, der Anthony am Arm zurückhält. Jemand, der nach einem Krankenwagen telefoniert. Anthony, der seine Papiere vorzeigt. Ich höre ihn sagen »... britisches Militär«. Unter mir sammelt sich eine Pfütze aus Blut. »Ich muss zur Arbeit«, stammle ich. Dann wird mir schlecht.

Im Krankenhaus wollten sie zuallererst wissen, ob ich überhaupt versichert sei. Bevor das nicht geklärt war, wurde ich nicht behandelt. Das Blut sickerte weiter aus der Wunde.

Dann sahen sie sich meine Beine an. Sie sagten, sie hätten nicht viel Hoffnung für mich. Ich habe zu viel Blut verloren und ein paar entscheidende Sehnen seien zerschnitten. Wie ich das denn angestellt habe, wollte ein Assistent wissen, aber ich merkte, dass es ihn nicht wirklich interessierte.

»Möglicherweise bleibt Ihr Bein gelähmt«, meinte ein Arzt. Um mich drehte sich alles. Ich stand unter Schock, doch davon schien niemand Notiz zu nehmen.

»Da gibt es eine winzig kleine Sehne«, erklärte er und ahnte nicht, dass ich kurz davor war, den Verstand zu verlieren, »wenn die durchschnitten wurde, ist es mit dem Gehen vorbei.«

Schließlich kam ein anderer Arzt.

»Ich werde mal einen Test machen«, sagte er und kitzelte mich an der Fußsohle. »Spüren Sie das?«

»Ja. Es kitzelt.«

»Wirklich?!« Er starrte mich an, als wäre ich das siebte Weltwunder.

»Ja!«

Da verlor er sein Interesse. Ich wurde genäht und verbunden, dann schickten sie mich nachhause. Was?, dachte ich, eben hatten sie kaum noch Hoffnung für mich und jetzt darf ich gehen?

Aber wohin sollte ich gehen?

»Mein Mann hat mich geschlagen«, sagte ich mutlos einer Krankenschwester. Sie zuckte mit den Schultern, murmelte etwas und ging weiter. Ich war entlassen worden. Entlassen in ein Leben, das wieder einmal in Scherben lag.

Ich hatte nicht einmal einen Mantel dabei. An den Füßen trug ich Flipflops. Ich fror. Frieren schien seit meiner Ankunft in Deutschland mein Schicksal zu sein. In meiner Verzweiflung fuhr ich im Bus den Weg vom Krankenhaus in Richtung unserer Wohnung mehrere Male hin und her. Kam er an der Endstation an, blieb ich einfach sitzen, bis er wieder losfuhr. Als hätte ich einen Bannkreis um mich errichtet, blieb der Platz neben mir

frei, so überfüllt der Bus auch war. Ein Blick auf meine blutge-
tränkte Hose und meine verweinten Augen, und die Menschen
wandten sich ab. Es war ein Karussell der Hoffnungslosigkeit,
auf dem ich an jenem Morgen zwischen dem Krankenhaus, aus
dem man mich einfach hinausgeworfen hatte, und der Wohnung, in der ein gewalttätiger Ehemann auf mich wartete, im
Kreis fuhr. Ich wusste einfach nicht, was ich tun sollte.

Endlich hatte ich eine Idee. Ich würde zur Polizei gehen und
sie bitten, mich nachhause zu begleiten. Um mir wenigstens
meinen warmen Mantel zu holen, dachte ich. Was danach kommen sollte, war mir noch unklar.

Die Beamten erinnerten sich noch an mich, da sich Anthonys
brutaler Übergriff am selben Tag ereignet hatte. Sie hatten Mitleid mit mir und fuhren mich zu unserer Wohnung. Im Auto
wollten sie wissen, was ich vorhabe.

»Zu deinem Ehemann kannst du ja nicht zurückgehen, oder?«,
meinte ein junger Beamter. »Der hätte dich ja fast umgebracht.«

Ich fing an zu weinen. Erzählte, dass ich schon im Frauenhaus gewesen war und mich schließlich wieder auf diesen Lüg-
ner eingelassen hatte.

»Du warst schon im Frauenhaus?«, fragte der Polizist. »Na,
dann gehst du doch am besten wieder dorthin zurück.«

Ja, dachte ich, das ist wohl das Beste. Eine andere Lösung fiel
mir nicht ein.

Anthony saß im Wohnzimmer, gerade so, wie ich ihn verlassen hatte. Er war bleich im Gesicht vor Zorn. Seine Haare standen hoch, seine Augen waren wie aus Glas.

»Wenn ich dich noch ein einziges Mal sehe«, sagte er leise in
unserer Sprache, in Ga, »dann bring ich dich um. Das schwöre
ich.«

Ich war vor Angst wie erstarrt, holte meinen Mantel und füllte
eine Tasche mit Kleidung. Die Polizisten hatten nicht verstanden, was Anthony gesagt hatte, aber sie beschützten mich. So
schnell wie möglich verließ ich mit ihnen die Wohnung.

Die freundlichen Beamten brachten mich zum Mülheimer Bahnhof, von wo ich den Zug nach Düsseldorf-Benrath nahm. Im Frauenhaus aber wartete eine weitere böse Überraschung auf mich. »Was«, schrie Hildegart außer sich, »er hat sich wieder an dir vergriffen? Da gehen wir hin. Es ist ja schließlich deine Wohnung. Den werfen wir raus! Wenn es sein muss mit Polizeigewalt.«

Da musste ich Farbe bekennen und gestehen, dass es nicht meine Wohnung war, sondern eine auf Anthonys Namen gemietete. Ich hatte ihnen nicht die Wahrheit gesagt. Hildegart bekam schmale Lippen.

»Wenn das so ist«, sagte sie, »dann kannst du nicht mehr zu uns kommen. Du kennst unsere Regeln. Wer nicht ehrlich mit uns ist, der kann nicht mit unserer Unterstützung rechnen.« Und damit verließ sie mit einem lauten Türenknallen den Raum.

Ich brach in Tränen aus. Hildegart hatte recht. Aber ich wusste weder ein noch aus.

»Jetzt hör mit dem Heulen auf«, sagte Nadja. »Wir finden schon eine Lösung. Auf Kosten des Frauenhauses kannst du nicht mehr hier wohnen. Aber mal sehen, ob das Sozialamt nicht einspringen kann. Dein Fall ist ja schon ein besonders harter.«

Ihr Blick ruhte auf meiner blutdurchtränkten Hose. Ich sah Mitleid in ihren Augen. Auch sie hatte viel mitgemacht. Und sie wusste, welche Möglichkeiten es für mich noch gab.

Sie ging mit mir zum Sozialamt, weil ich noch immer kein Deutsch sprach und sie für mich übersetzen musste. Sie schilderte der Sachbearbeiterin meinen Fall. Und tatsächlich: Da ich im Krankenhaus arbeitete, übernahm das Sozialamt die Miet- und Verpflegungskosten. Ich atmete auf. So konnte ich also doch ins Frauenhaus zurückkehren.

Als Nächstes ging ich zu meiner Arbeitsstelle. Ich war am Morgen nicht zur Frühschicht erschienen. Ohne Zeit zu verlieren und mich umzuziehen, fuhr ich dorthin. Das war ein Fehler.

Die Oberschwester sah mich an und ich erkannte sofort, dass

sie sauer war. Dann glitt ihr Blick an mir herunter und erfasste das angetrocknete Blut auf meiner Kleidung. Meine Entschuldigung, dass mein Mann mich zurückgehalten und verletzt hatte, legte sie zu meinen Ungunsten aus.

»Wir brauchen Leute mit einem geordneten Privatleben«, sagte sie. »Stabile Frauen, ohne solche Dramen. Krankenschwester ist ein verantwortungsvoller Beruf, da hast du es mit Medikamenten zu tun und solchen Sachen. Es ist mir zu riskant, dich weiter hierzubehalten. Tut mir leid. Ich wollte dir die Chance geben. Aber ich kann das nicht verantworten.«

Ich war gefeuert. Stand wieder am Anfang. Ich hatte gehofft, meine Ehe zu retten, und war nur noch tiefer in die Misere geraten. Nun musste ich schnell etwas anderes finden, und zwar bevor das Sozialamt beschloss, mir meine Unterstützung zu streichen. Doch welche Möglichkeiten hatte ich?

Damals hoffte ich, doch noch einen Ausbildungsplatz zu finden. Erst nach und nach musste ich einsehen, dass die Chance im Krankenhaus wirklich einmalig gewesen war. Ich war schrecklich unglücklich. Dann erreichte mich auch noch die Nachricht, dass meine geliebte Oma gestorben war. Meine Mutter behauptete am Telefon, sie sei aus Kummer gestorben, weil ich mich einfach so davongemacht hätte, ohne mich von ihr zu verabschieden.

Ich weinte mir fast die Augen aus. Ausgerechnet meine Oma, die immer für mich da und in Tagen der Krankheit und Not mein Beistand gewesen war. Ich konnte sie nicht mehr in die Arme schließen. Sie hatte keine Ahnung, welchen Leidensweg ich in Deutschland durchmachte. Das war auch besser so. Aber sie konnte natürlich nicht verstehen, warum ich mich so von ihr abgewandt hatte.

Ich lag im Frauenhaus in meinem Bett und bekam vor Verzweiflung kein Auge zu. Am anderen Ende des Schlafsaals war eine deutsche Frau, die ein Radio dabeihatte. Wenn sie das anschaltete und ich diese deutsche Musik hörte, dann hat mich das immer ein wenig getröstet, dann konnte ich endlich einschlafen.

Mein zweiter Aufenthalt im Frauenhaus war sehr harmonisch, es ist eigentlich nur ein einziges Mal zum Streit gekommen. Eine Marokkanerin hatte mir eine Goldkette gestohlen. Als ich sie zur Rede stellte, beschimpfte sie mich: »Du Afrikaner! Du Nigger!«

Da fragte ich sie, wo sie glaube, dass sie denn herkomme.

»Na aus Marokko!«

»Und Marokko liegt in Afrika!«

»Was?! Pah! Marokko liegt nicht in Afrika!«

»Und in der Schule hast du auch nicht aufgepasst«, gab ich zurück, »sonst wüsstest du, dass Marokko sehr wohl in Afrika liegt.«

Schließlich hatte sie mir meinen Schmuck wieder herausgeben müssen. Aber ihre Worte beschäftigten mich. Denn tatsächlich denken viele Nordafrikaner, ihre Heimat liege nicht auf unserem Kontinent. Sie fühlen sich zu Europa gehörig oder zu den arabischen Ländern. Uns Schwarzafrikaner behandeln sie oft mit der größten Verachtung.

Aber dies war wirklich die einzige Auseinandersetzung, die ich im Frauenhaus erlebt habe. Ansonsten hielten wir zusammen.

Ich war so traurig in diesen Wochen, ich kann gar nicht sagen, wie sehr. Mein Geburtstag kam, ich sagte es niemandem, wollte raus, etwas unternehmen, ganz für mich allein. Ich erinnerte mich daran, dass Anthony mich in unserer Anfangszeit in Deutschland einmal nach Wuppertal mitgenommen hatte. Dort waren wir mit der Schwebebahn gefahren. Das wollte ich nun an meinem Geburtstag machen.

Ich saß in der Schwebebahn und weinte. Da sprach mich eine Afrikanerin an und fragte: »Warum bist du so traurig?«

»Ich habe Geburtstag und bin ganz allein.«

Da meinte sie: »Du brauchst nicht zu weinen! Du kommst jetzt mit mir nachhause und dann feiern wir deinen Geburtstag!«

Und so machten wir es. Sie lud Freundinnen ein und kochte für uns alle etwas Schönes. Diese Frauen kamen aus Kamerun, ich habe ihre Sprache kaum verstanden.

Anthony hatte in meiner Abwesenheit einen riesigen Strauß Rosen geschickt. Solche Mengen, wie ich sie noch nie gesehen hatte. »Nein. Damit will ich nichts mehr zu tun haben,« sagte ich, woraufhin die Frauen die Blumen im ganzen Haus verteilten.

In dieser Zeit suchte ich alle zwei Tage das Wohnungsamt auf, wo sie mich bald so gut wie ihr eigenes Inventar kannten. Nach sechs Wochen hatte ich endlich meine eigene Wohnung. Sie ist klein, aber fein. Ich wohne heute noch dort.

Auch dem Arbeitsamt stattete ich regelmäßige Besuche ab. Ich wollte lange nicht glauben, dass es für mich nichts anderes geben sollte als eine Stelle als Putzfrau. Schließlich musste ich mich damit abfinden.

DER TRAUM AUS KINDHEITSTAGEN

Auf dem Arbeitsamt sagten sie mir, es gäbe eine Putzstelle bei der Messe Düsseldorf. Noch am selben Tag ging ich hin, um mich vorzustellen. Ich bekam den Job.

Ich hatte nur noch das Ziel, mir ein eigenes Leben aufzubauen. Ich wollte meine kleine Wohnung einrichten und so viel wie möglich sparen, um endlich wieder das zu tun, was ich schon als kleines Kind beschlossen und in meinen guten Jahren in Accra bereits in die Tat umgesetzt hatte: Ich wollte Kindern aus Bukom den Schulbesuch finanzieren. Doch bis es so weit war, geschah noch etwas Trauriges.

Ich hatte gerade zwei Wochen auf der Messe gearbeitet, als mein Vater starb.

Meine Mutter hatte sich irgendwann seiner Not erbarmt und ihn nach London geholt. Dort hatte er seither auf ihre Kosten gelebt und nach Ghana noch Geld an seine zweite Frau geschickt.

Wie damals, als meine Großmutter gestorben war, behauptete meine Mutter auch jetzt, ich sei schuld am Tod meines Vaters. Er erlitt einen Herzinfarkt, nachdem er erfahren hatte, unter welchen Umständen Anthony und ich auseinandergegangen waren.

Natürlich wollte ich zur Beerdigung nach London, aber ich hatte kein Geld für die Reise. Da rief Anthony an und schlug vor, mich mit dem Auto nach London zu fahren. Es schien die einzige Möglichkeit und ich sagte zu. Nein, ich hatte keine Angst vor ihm, da ich wusste, dass er vor meinen Eltern schon immer großen Respekt hatte. Ich freute mich sogar über sein Angebot. Endlich zeigt er wieder einmal Herz, dachte ich. Beerdigungen gehören für Afrikaner zu ihren heiligen Pflichten und ich fand es ganz natürlich, dass Anthony mir die Reise ermöglichte.

Zunächst lief alles wunderbar. Natürlich glotzten meine Verwandten, als ich mit Anthony gemeinsam auftauchte. Alle wussten, dass wir getrennt waren, und verstanden nicht, warum ich ihn mitgebracht hatte.

Ich aber war einfach nur glücklich, nach so langer Zeit meine Schwester, meine Mutter und viele andere Verwandte wiederzusehen. Emily ist mir gegenüber allerdings äußerst kühl geblieben, kein herzliches Wort kam über ihre Lippen.

Die Beerdigung war schon fast vorüber, als Anthony dann doch noch begonnen hat, Ärger zu machen.

Wie es in unserer Kultur Sitte ist, kamen alle Verwandten nach dem Begräbnis meines Vaters zusammen, um zu besprechen, was in der Familie als Nächstes geschehen würde. Mein Vater hatte in London eine riesige Verwandtschaft, weshalb es ein großes Treffen wurde.

Als Anthony kam, um mich abzuholen, sah er, dass sich die ganze Familie versammelt hatte. Da muss er rotgesehen haben.

Vielleicht hatte er sich an unsere Hochzeit erinnert und dachte, jetzt sei etwas Ähnliches im Gang. Auf alle Fälle begann er, meine Familie zu beschimpfen. Er behauptete, sie wollten mich einem anderen Mann geben. Es gab ein großes Palaver und die Beerdigung meines Vaters drohte in einem Eklat zu enden.

Während all dies geschah, hatte ich mich im oberen Stockwerk des Hauses aufgehalten und mich nichtsahnend mit einer Cousine unterhalten. Da kam meine Mutter angerannt und sagte: »Schnell, Harriet, du musst verschwinden!«

»Ja, aber warum denn?«

»Anthony macht großen Ärger. Er beschimpft unsere Ältesten, alle sind sauer auf dich, dass du ihn mitgebracht hast. Sie suchen schon nach dir. Los, pack deine Sachen zusammen. Ich bring dich zum Flughafen.«

Meine Mutter bezahlte das Flugticket für mich, damit ich nur ja schnell verschwand. So hatte mir Anthony auch die Beerdigung meines Vaters verdorben. Und das war dann wirklich das Ende zwischen mir und diesem Mann. Jedenfalls aus meiner Sicht. Er dagegen war noch lange nicht mit mir fertig und sollte mir eine Menge Schwierigkeiten bereiten.

Mein Putzjob bei der Messe lief zunächst nur über Zeitverträge, die immer von Ausstellung zu Ausstellung geschlossen wurden. Jede Messe konnte für mich die letzte sein. Erst nach zwei Jahren, 1994, erhielt ich eine Festanstellung.

Ich habe damals monatlich zwischen 1200 und 1400 Mark verdient, je nachdem, wie viele Stunden ich arbeiten konnte. Das war nicht viel, doch ich hatte mich mittlerweile daran gewöhnt, mit wenig auszukommen. Ich wohne wie gesagt noch heute in einer Genossenschaftswohnung. Die Miete ist nicht hoch und ich lebe bescheiden.

Meine Vorarbeiterin mochte mich nicht. Ich war die einzige Schwarze in der Belegschaft und sie teilte mir grundsätzlich die unangenehmsten, schwierigsten Arbeiten zu. Ich erledigte alles pünktlich und zuverlässig. Oft war ich verzweifelt und fragte mich, warum sie es gerade mir so schwer machte. Die Personalchefin hingegen konnte mich gut leiden, und da sie die Wochenpläne ausarbeitete, wurde ich von ihr oft für einfache und verantwortungsvolle Aufgaben eingeteilt. Doch die Vorarbeiterin schrieb die Pläne regelmäßig um. Mit der Zeit lernte ich, mich dieser Schikane zu fügen und mein Bestes zu geben, wo auch immer sie mich hinschickte. Ich wusste, was es heißt, eine Stelle zu verlieren, und ich gab mir Mühe. Ohnehin ist es einfach meine Art, mich in allem, was ich mache, voll zu engagieren.

Die eigene positive Einstellung kann letztendlich Wunder bewirken. Womit wir auch konfrontiert werden, es ist immer das Wichtigste, unser Bestes zu geben und aus einer solchen Situation etwas für sich selbst herauszuziehen. Der Vorteil meiner damaligen Lage war, dass ich bald jeden Winkel der Messe kannte und mit jedem Einzelnen, der dort arbeitet, schon einmal zu tun hatte. So war das Ganze für mich am Ende erträglich. Dennoch wollte die Vorarbeiterin mich nach fünf Monaten wieder hinauswerfen.

Der Grund hierfür war einfach und verständlich: Noch immer sprach ich so gut wie kein Wort Deutsch, weshalb es schwierig war, mit mir zu kommunizieren. Ein paarmal hatte meine Vorarbeiterin mir etwas aufgetragen, aber ich hatte sie nicht richtig verstanden, wodurch die Firma in Schwierigkeiten gekommen war.

»Es tut mir leid, Harriet«, sagte sie, »ohne Sprachkenntnisse hat es einfach keinen Zweck mit dir.«

Ich war verzweifelt. Natürlich wusste ich, dass sie recht hatte. Schon längst hätte ich die Sprache lernen müssen und war nun auch entschlossen, das nachzuholen.

»Bitte«, brachte ich unter Tränen hervor, »ich verspreche dir, dass ich Deutsch lernen werde.«

»Und wie willst du das tun?«, fragte sie skeptisch.

»Ich mache einen Deutschkurs. Morgen bringe ich dir die Anmeldung mit.«

Sie überlegte eine Weile. Dann sagte sie: »Na gut. Wenn du mir morgen wirklich diese Anmeldung zeigst ...«

Ich hielt mein Versprechen. Bei einer privaten Sprachschule belegte ich einen Intensivkurs, der dreimal wöchentlich für vier Stunden stattfand. Er kostete mich eine Menge Geld, das ich mir von meinem bescheidenen Gehalt abzwacken musste. Zudem konnte ich nicht voll arbeiten, da ich schließlich die Kurse besuchen musste. Es war eine harte Zeit. Fast ein Jahr lang lernte ich Tag und Nacht und wiederholte die Lektionen bei der Arbeit laut, während mich meine Kolleginnen verbesserten. Wie ein Papagei plapperte ich ihnen alles nach, bis ich es konnte. Und von Woche zu Woche bemerkte die Vorarbeiterin meine Fortschritte und war zufrieden.

Im Nachhinein bin ich ihr dankbar dafür, dass sie mich zu diesem Schritt gezwungen hatte. Als Einwanderer kann man jahrelang in Deutschland leben, ohne die Sprache zu lernen. Doch man gehört auf diese Weise nie wirklich dazu, sondern ist auf die Kreise der Landsleute angewiesen und schaut über diesen Tellerrand nicht hinaus. Ich aber wollte mein Leben in Deutschland besser nutzen. Auch wenn Anthony alles daransetzte, um es mir zur Hölle zu machen.

Am liebsten hätte ich mich direkt nach der Beerdigung meines Vaters scheiden lassen. Doch meine Anwältin, die ich noch aus meiner Zeit im Frauenhaus kannte, hatte mir davon abgeraten. Zum einen wegen der Kosten und zum anderen wegen der Aufenthalts- und Arbeitserlaubnis.

»Warum wartest du nicht einfach ab, bis er die Scheidung einreicht?«, schlug sie vor. »Dann muss er die Kosten tragen.«

Inzwischen hatte ich beschlossen, in Deutschland Fuß zu fassen. Ich fürchtete mich davor, nach Ghana zurückzukehren; Anthony hatte mir schlimme Dinge angedroht, sollte ich das tun. Aber auch in Deutschland versuchte er, mir jede Menge Steine in den Weg zu legen.

Eines Tages kam meine Vorarbeiterin zu mir: »Harriet, bist du umgezogen?«

»Nein«, sagte ich, »wie kommst du denn darauf?«

»Na, hier steht es schwarz auf weiß. Du wohnst jetzt in Mönchengladbach. Das hier kam vom Ausländermeldeamt.«

Ich starrte auf den Brief. Tatsächlich. Da stand es. Aber wie um alles in der Welt war das geschehen? Ich dachte ja gar nicht daran, aus meiner kleinen Wohnung auszuziehen.

Als ich mich genauer erkundigte, erfuhr ich, dass ich auf die Adresse eines Bordells angemeldet worden war. Dahinter konnte doch nur Anthony stecken.

Ich ging direkt zum Ausländermeldeamt. Die Sachbearbeiterin wusste von nichts und wollte mich wieder wegschicken. Da bin ich fast ausgeflippt und habe darauf bestanden, ihren Vorgesetzten zu sprechen.

»Ich denke nicht im Traum daran«, erklärte ich dem, »in diesem Puff in Mönchengladbach zu wohnen. Ich habe mich nicht umgemeldet. Wie erklären Sie sich das?«

Daraufhin haben sie endlich reagiert, den entsprechenden Ordner herausgezogen und die Unterschriften verglichen. Es stellte sich heraus, dass Anthony meine gefälscht hatte.

Ich musste eine neue Bescheinigung meines Vermieters vorlegen, dass ich nach wie vor bei meiner alten Adresse wohnte, dann erst wurde die falsche Ummeldung rückgängig gemacht.

Ein anderes Mal hatte Anthony einen Brief ans Ausländermeldeamt geschrieben, in dem er mich aufs Übelste als berüchtigte Prostituierte und Mörderin verleumdete. Warum er das gemacht hat, weiß ich nicht genau. Vielleicht hatte er meine Abschiebung erwirken wollen.

Wieder ein paar Wochen später kam ich zur Arbeit, wo mich meine Chefin schon vor der Tür abfing, um mich nachhause zu schicken.

ALLEIN IN DER FREMDE

»Du darfst ja gar nicht bei uns arbeiten«, sagte sie ernst. »Du hast überhaupt keine Arbeitserlaubnis.«

»Was?« Ich war entrüstet. »Natürlich habe ich eine Arbeitserlaubnis.«

»Wir haben heute einen dicken Brief vom Arbeitsamt bekommen. Du hast keine Arbeitserlaubnis, da ist nichts zu machen.«

»Was soll ich denn jetzt tun?«, fragte ich meine Chefin geschockt.

»Keine Ahnung. Wahrscheinlich musst du zum Arbeitsamt gehen und eine neue Arbeitserlaubnis beantragen.«

»Ja, aber wie lange dauert so etwas denn?«

»Bis zu sechs Wochen«, meinte sie.

Oh Gott, dachte ich, und so lange soll ich nicht arbeiten? Nichts verdienen? Wer bezahlt mir in dieser Zeit die Miete? Ich ging auf der Stelle zu meiner Anwältin.

»Ganz ruhig bleiben«, beschwichtigte sie mich. »Geh am besten erst mal nachhause. Ich rufe beim Arbeitsamt an und geb dir dann Bescheid.«

Und das hat sie auch gemacht. Nachdem sie dem Sachbearbeiter meinen Fall genau geschildert hatte, meldete sie sich bei mir. Ich solle zum Arbeitsamt gehen und mich bei einer ganz bestimmten Frau melden. Von ihr bekam ich eine neue Arbeitserlaubnis ausgehändigt.

Ich bin überzeugt, dass hinter all diesen seltsamen Geschichten Anthony und dessen »Freunde« gesteckt haben. Doch sosehr sie sich auch bemühten, sie schafften es nicht, mich zur Ausreise zu zwingen. Ich hatte Angst vor dem, was passieren könnte, sollte ich einmal wieder nach Ghana zurückkehren. Anthony hatte einmal gesagt, ich würde sofort am Flughafen verhaftet werden. Zuzutrauen wäre es ihm gewesen, zumal er in allen wichtigen politischen Positionen Verwandte sitzen hatte. Ein anderes Mal hatte er mir am Telefon gedroht, er würde mich umbringen, sollte ich nochmals einen Fuß auf ghanaischen Boden setzen.

Gesehen habe ich Anthony nur noch anlässlich unserer Scheidung, die er eines Tages eingereicht hatte. 1995 war es dann so weit: Unsere Ehe wurde getrennt. Wie durch ein Wunder hatte ich kurz zuvor meine unbefristete Aufenthaltsgenehmigung erhalten. Wenn Anthony also vorgehabt hatte, mir durch die Scheidung zu schaden, dann war auch diese Rechnung nicht aufgegangen.

Er machte trotzdem weiterhin eine Menge Ärger. Unter anderem bestritt Anthony, Bernards Vater zu sein. Das Gute daran war, dass ich mir keine Gedanken um das Sorgerecht machen musste. Ich ließ meine Anwältin alles regeln und war froh, als die Sache erledigt war.

Seit der Scheidung haben Anthony und ich uns nicht mehr getroffen. Inzwischen telefonieren wir gelegentlich miteinander. Ich bin froh, dass wir ab und zu Kontakt haben, der heute freundlich, respektvoll und distanziert zugleich ist. Manchmal können wir sogar miteinander lachen. Ich halte es für wichtig, Frieden zu schließen. Viel zu lange habe ich mit Menschen, die meinem Herzen nahestanden, im Unfrieden gelebt.

Als sich diese seltsamen »Behördenirrtümer« schließlich gelegt hatten, atmete ich auf. Ich hatte meine Arbeit und eine hübsche kleine Wohnung, die ich Stück für Stück hell und freundlich einrichtete. Das Geld, das ich verdiente, reichte für mich. Doch ich hatte da noch diesen Traum aus Kindheitstagen, den ich nicht vergaß: Ich wollte den Kindern in Bukom helfen.

Als Putzkraft sah ich auf den Messen, dass die Toilettenfrauen gute Möglichkeiten hatten, etwas dazuzuverdienen. Sie hatten ihr Festgehalt und durften die Trinkgelder behalten. Ich hatte die Abende frei, kannte kaum jemanden – ich war einsam. Anstatt zuhause herumzusitzen, könnte ich mir doch eine solche Stelle als Klofrau suchen, dachte ich.

Eine griechische Kollegin vermittelte mir einen Abendjob bei einer Firma, für die ich die Toiletten verschiedener Kneipen der Düsseldorfer Bolkerstraße putzte. Dort musste ich zwar das Trinkgeld abgeben, erhielt dafür jedoch ein Festgehalt. Aber die Arbeit hat mir nicht so gut gefallen, weshalb ich mich nach einer anderen Stelle umsah.

Ich ging durch Düsseldorfs Altstadt und sah nach, wo schon eine Klofrau arbeitete und wo nicht. Ich schaute mir die Kneipen genau an und verwarf die, in denen die Männer schon um neun Uhr abends betrunken auf die Toiletten torkelten und sich spätestens ab zehn Uhr übergaben.

Es war an einem Sonntag nach dem Gottesdienst, als ich mich wieder einmal in der Altstadt auf die Suche machte. Ich schlenderte die Heinrich-Heine-Allee entlang und bog in die Ratinger Straße ein. Ich wusste nicht genau, wohin ich wollte, und ging daher einfach so der Nase nach. Auf einmal hatte ich das Gefühl, dass mich ein starker Wind in meinem Rücken in eine bestimmte Richtung schob, und ohne nachzudenken setzte ich Fuß vor Fuß. Ich hatte die Augen fast geschlossen, ließ mich einfach so vom Wind treiben. Als ich die Augen wieder öffnete, stand ich vor dem Lokal »Zum Goldenen Einhorn«.

Na gut, dachte ich, schauen wir mal nach. Ich betrat das Lokal, das mir sofort gefiel. Am frühen Sonntagnachmittag waren nicht viele Leute da, aber ich erkannte sofort, dass es sich bei den wenigen Gästen um Akademiker handelte.

Ich setzte mich. Ein Mann kam hinter dem Tresen hervor und fragte mich nach meinen Wünschen. Ich bestellte eine Tasse Schokolade, irgendwie war mir nach dem Getränk meiner Kindheit zumute. Der Mann schaute mich neugierig an, sagte aber nichts, sondern brachte mir die Schokolade, die ich Schluck für Schluck genoss. Dann ging ich zu den Toiletten.

Nein, es gab keine Klofrau. Auf den ersten Blick war mir klar, dass ich hier dringend gebraucht wurde. Ich ging wieder hinauf und begann mit dem Mann ein Gespräch.

»Ich möchte gerne den Geschäftsführer sprechen«, sagte ich freundlich, aber bestimmt.

Der Mann schaute mich verdutzt an: »Einer von den beiden steht vor dir. Ich bin Volker. Was kann ich für dich tun?«

»Ich finde, ihr braucht eine Toilettenfrau. Ihr habt ein schönes Lokal, aber bei den Klos liegt einiges im Argen.«

»Eine Toilettenfrau?« Der Mann machte große Augen. »Moment bitte«, sagte er dann. »Ich ruf mal meinen Partner.«

Als die beiden vor mir saßen, unterbreitete ich ihnen meinen Vorschlag: Ich würde jeden Abend nach ihren Toiletten sehen und sie bräuchten mir nichts zu bezahlen. Es wäre schön, wenn sie mir ein Tischchen hinstellen könnten. Mehr benötigte ich nicht. Ich würde auf der Basis der Trinkgelder arbeiten.

»Ihr könnt dabei nur gewinnen. Euren Gästen wird das gefallen.«

Die beiden sahen sich an.

»Ja«, sagte Volker, »die Toiletten müssen dringend erneuert werden. Das haben wir schon seit einer ganzen Weile vor. Nicht wahr, Uli? Wie wäre es, wenn wir das noch abwarten?«

»Nein«, meinte ich strahlend. »Ich möchte heute Abend schon anfangen. Wenn ihr die Klos irgendwann umbaut, umso besser. Aber warum sollen sie nicht jetzt schon sauber und ansprechend sein?«

Wer weiß, wie lange die Sanierung dauern wird, dachte ich. Und tatsächlich: Im »Einhorn« sind die neuen Toiletten gerade erst vor Kurzem fertig geworden.

Die beiden lachten und sahen sich an.

»Was meinst du?«, fragte Volker.

»Ich finde das klasse! Sie soll anfangen. Von mir aus schon heute Abend.«

Wir reichten uns die Hände. Damit war es abgemacht. Es sollte, wie man so schön sagt, der Beginn einer langen Freundschaft sein, die bis heute andauert.

Als ich am Abend kam, fand ich vor dem Toilettenbereich ein Tischchen und einen Stuhl. Außerdem hatten sich meine neuen Chefs ein kleines Zusatzgeschäft für mich ausgedacht: Auf dem Tisch befand sich ein Tablett mit diversen Süßigkeiten.

»Als Startkapital«, sagte Uli.

Von da an wurde es Brauch, dass man bei mir auch etwas Süßes kaufen kann.

Ich freute mich und dankte Gott für den glücklichen Wind, den er in meinen Rücken hatte wehen lassen, um mich von allen Kneipen Düsseldorfs ausgerechnet ins »Einhorn« zu leiten.

Als Toilettenfrau verdiente ich im Schnitt umgerechnet 400 Euro pro Monat. 50 Cent für 50 Cent sammelte ich Geld für die Kinder in Bukom. Wo andere Menschen nur eine Münze sahen, sah ich Schulbücher, Schuluniformen, Schulgebühren. Zunächst erzählte ich niemandem von meinem Vorhaben, auch nicht den beiden »Einhorn«-Geschäftsführern.

Ein Jahr nachdem ich meinen Messejob begonnen hatte, konnte mein Onkel in Accra das erste Kind aufnehmen. Als sich meine Mutter für ein Leben in London entschieden hatte, war er in ihr Haus nach Abeka gezogen. Dort lebten auch meine kleine Schwester und mein Sohn; Mama Patience kümmerte sich um alle.

Mein Onkel erwies sich als wunderbarer Partner in Sachen Bukom-Kinder. Ich hatte eine Menge Cousins und Cousinen, die Kinder und Enkelkinder in die Welt setzten, jedoch nicht in der Lage waren, das Schulgeld für sie aufzubringen. Mein Onkel hatte nach und nach viele solcher Kinder in sein Haus aufgenommen und ich schickte ihm das nötige Geld, das ich allabendlich als Klofrau verdiente. Wenn das »Einhorn« geschlossen hatte, saß ich in einer anderen Kneipe und irgendwann sprach mich ein Stammkunde des »Einhorn« darauf an.

»Hey, Mädchen, du musst reich sein! Egal, wo ich hinkomme, du bist schon da. Tagsüber sehe ich dich auf der Messe. Komme ich abends ins ›Einhorn‹, sitzt du bei den Toiletten. Und neulich hab ich dich woanders gesehen ... Sag mal, was machst du mit dem vielen Geld?«

Da erzählte ich von den Kindern in Ghana, die ich unterstützte. Dass ich mit dem Geld ihre Schulgebühren finanzierte, damit sie eine bessere Zukunft haben. Er konnte es kaum glauben.

»Wow«, sagte er, »das ist ja unglaublich. Du bist ein richtiger ›African Angel‹!«

Das gefiel mir.

Dieser Stammkunde, seine Name ist Jörg, erzählte meine Geschichte weiter. Die Reaktion der Leute war immer gleich: Zunächst wollten sie es nicht glauben, dann waren sie begeistert. Ich war darüber erstaunt, wie sehr sich die Menschen in Deutschland für ein Projekt, das Kindern im fernen Ghana hilft, interessieren. Mit vielen geriet ich in anregende Gespräche, ich konnte ihnen ja alles genau und anschaulich schildern, weil ich mit ihnen über meine Heimat sprach. Ja, in gewisser Weise betrachte ich Bukom als meine Heimat.

Die Toilettenfrau im »Einhorn«, die mit den 50-Cent-Münzen auf ihrem Teller ein Kinderprojekt in Afrika finanziert, faszinierte viele. Die Gäste gaben gerne ihren Obolus, sodass mein Onkel immer mehr Kinder aufnehmen konnte, bis schließlich 51 Kinder aus Bukom das Haus meiner Mutter bevölkerten. Für mich wurde dieses Projekt immer wichtiger. Mein Leben und meine Arbeit hatten einen neuen Sinn bekommen. Meine Arbeit half mir über Vieles hinweg.

Denn mein Leben war nicht einfacher als zuvor geworden. Immer wieder überfiel mich die Trauer über meine so tragisch gescheiterte Ehe wie eine dunkle Wolke. Darum war es gut für mich, rund um die Uhr zu arbeiten. Schlaf habe ich in diesen Jahren wenig bekommen. Tagsüber arbeitete ich auf der Messe und abends bis in die Nacht hinein im »Einhorn«. Für mich war das eine Art Beschäftigungstherapie, so wie das Kinderprojekt Balsam für meine Seele war.

Und doch, für einen geselligen und im Grunde lebensfrohen Menschen wie mich bedeutete die Einsamkeit eine schwere Prüfung. Ich war zwar ständig von Menschen umgeben, aber von niemandem, der mich wirklich kannte und bei dem ich so sein konnte, wie ich bin.

Ich hatte nur eine einzige echte Freundin – Mary-Ann. Doch auch von ihr sollte ich schrecklich enttäuscht werden.

FALSCHE FREUNDE

Im Frauenhaus hatte ich mich mit Mary-Ann angefreundet, die jetzt wieder mit Moses zusammen war. Ich freute mich für meine Freundin, dass ihre Ehe offenbar wieder funktionierte. Ich hielt Moses für einen umgänglichen Menschen und konnte mir kaum vorstellen, dass er so gewalttätig gewesen war. Aber auch Anthony konnte man den Prügelknaben schließlich nicht ansehen.

Während meiner gesamten Zeit in Deutschland hatte mir der Anschluss an eine Kirchengemeinde gefehlt. Anthony hatte zu Beginn unseres Aufenthalts von seinen britischen Arbeitgebern ein Informationspaket bekommen, das alle wichtigen Adressen enthielt. Ich wusste, dass darunter auch die Anschrift einer anglikanischen Kirche gewesen war, konnte mich allerdings nicht daran erinnern, wo sich diese befand. Mary-Ann lud mich ein, sie zu einer afrikanischen Gospelgemeinde zu begleiten, in der sie aktives Mitglied war.

Ich kann gar nicht sagen, wie glücklich ich war, als ich endlich wieder an diesen leidenschaftlichen und bewegenden Gottesdiensten teilnehmen konnte. Bei uns Afrikanern ist ein Gottesdienst ein Fest: Alles wird mit Inbrunst und Leidenschaft durchlebt, die Gebete, die Predigten, die Hymnen. Vor allem die Musik spielt bei uns eine wichtige Rolle und jede Gemeinde verfügt über ausgezeichnete Gospel-Chöre. Da wird gesungen, geklatscht und getanzt und am Ende hat man tatsächlich das Gefühl, eine seelische Erneuerung erlebt zu haben.

Mary-Ann hatte mich in diese Gemeinde eingeführt, wofür ich ihr dankbar war. Unter der Woche arbeitete ich rund um die Uhr, aber der Sonntag gehörte meinem Gott und meinen Freunden. In afrikanischen Kirchen ist es nicht so, dass man da einfach nur hingeht und am Gottesdienst teilnimmt, sondern für jedes Geschlecht und Alter gibt es anschließend Gruppen: für die kleinen Kinder, die Jugendlichen, für Frauen und Männer. Es werden alle möglichen Dinge organisiert und ich stürzte mich mit Begeisterung in die neuen Aufgaben.

Für Afrikaner ist es das sprichwörtlich »Allerletzte«, wenn man die Scheiße anderer Menschen aufputzen muss, weshalb eine Klofrau auch einen denkbar schlechten Ruf genießt. Sie steht auf der sozialen Leiter ganz unten und wird von der afrikanischen Gesellschaft, die auf Prestige und Anerkennung ausgerichtet ist, nicht akzeptiert. Darum hatte ich meine abendliche Nebentätigkeit zugunsten meiner Bukom-Kinder geheim gehalten. Nur Mary-Ann wusste davon. Wir hatten im Frauenhaus Freud und vor allem Leid miteinander geteilt, ihr hatte ich kein Geheimnis verschwiegen. Ich wollte diesen Kindern die Ausbildung ermöglichen, wofür ich es auf mich genommen hatte, als Klofrau zu arbeiten. Meiner Meinung nach ist man kein Mensch zweiter Klasse, wenn man einer solchen Arbeit nachgeht. Ich empfand keine Scham dabei – im Gegenteil. Doch die auf ihr Ansehen bedachten vornehmen Afrikanerinnen in der Kirchengemeinde brauchten das nicht zu wissen.

Die Gottesdienstbesuche und das Zusammensein mit Menschen aus meiner Heimat gaben mir so viel. Allerdings war ich immer wieder ein wenig traurig, weil ich merkte, dass man mich nicht so richtig akzeptierte. Ich habe eine Begabung fürs Organisieren. Meine Arbeit für *African Angel* beweist das tagtäglich. Ich habe damals gute Vorschläge gemacht, die zwar freundlich angehört, aber nicht in die Tat umgesetzt worden sind. Es hat lange gedauert, bis ich verstand, warum das so gewesen ist.

Und so stürzte ich mich weiter in die Arbeit. Machte nebenher den Führerschein. Moses, der damals noch studierte, hatte ein eigenes Auto. Als ich wieder einmal bei meinen Freunden war und Mary-Ann geholfen hatte, die Kinder ins Bett zu bringen, da fragte ich ihn, ob er mit mir sonntags nach der Kirche zum Verkehrsübungsplatz fahren und dort ein bisschen mit mir üben würde, damit ich nicht so viele Stunden bräuchte.

»Wenn ich mit dem Studium fertig bin«, war seine Antwort. Aber bis dahin hatte ich meinen Führerschein natürlich schon längst gemacht.

Und dann geschah eine ganz unglaubliche Sache, die unserer Freundschaft ein jähes Ende bereitete.

Nach bestandenem Führerschein hatte ich mir ein altes Auto gekauft. Ich hatte nicht viel Geld und suchte so lange, bis ich einen für mich erschwinglichen Wagen fand.

»Der hat aber nur noch fünf Monate TÜV«, sagte der Händler.

Doch das war mir egal. Ehrlich gesagt wusste ich überhaupt nicht, was das bedeutet, denn so etwas wie einen TÜV gibt es in Ghana nicht.

»Aber er fährt doch, oder?«, fragte ich naiv.

Der Händler lachte und nickte. Bei der Probefahrt überzeugte ich mich davon, dass der Wagen ausgezeichnet funktionierte. Also kaufte ich ihn.

Es war eine Arbeitskollegin, die mir nach fünf Monaten erklärte, was TÜV eigentlich bedeutet und dass ich mit abgelaufener Plakette nicht mehr fahren durfte, wollte ich nicht einen Strafzettel riskieren. Das wollte ich natürlich nicht. Also wandte ich mich an meine Freunde und fragte Moses, ob er mir helfen könnte, den TÜV zu erneuern.

»Klar, das mach ich gern. Kostet 200 Mark.«

Ich gab ihm das Geld und überließ ihm den Wagen. Am Abend desselben Tages brachte er ihn mir mit einer neuen Plakette zurück. Ich bedankte mich herzlich bei Moses. Was würde ich nur ohne meine Freunde tun, dachte ich.

Eine Woche später klingelte es bei mir an der Tür. Zwei Polizisten wollten mich sprechen.

»Wissen Sie eigentlich«, fragte mich der eine, »dass sie eine gestohlene TÜV-Plakette an Ihrem Nummernschild haben?«

Ich fiel fast um vor Schreck.

»Nein! Gestohlen? Das ist unmöglich.«

Die beiden wechselten einen Blick.

»Wollen Sie damit sagen, dass Sie diese Plakette rechtmäßig erworben haben? Können wir mal bitte die Bescheinigung vom TÜV sehen?«

»Ich habe 200 Mark dafür bezahlt«, stammelte ich. »Ein Freund hat das für mich erledigt. Er hat gesagt, das kostete so viel. Ich bin sicher, dass es ein Irrtum ist. Das Auto hab ich erst seit Kurzem. Ich kenne mich nicht aus in diesen Sachen.«

Ich hatte Glück. Die Polizisten glaubten mir, dass ich mit der gestohlenen Plakette nichts zu tun hatte. Sie gaben mir drei Tage, danach sollte ich auf die Wache kommen und die Angelegenheit erklären.

Ich rief Moses an und erzählte ihm das Ganze. Noch war ich davon überzeugt, dass sich die Polizisten geirrt hatten. Moses versprach, mir die Bescheinigung zu bringen. Doch nach drei Tagen hatte ich immer noch nichts von ihm gehört.

Da bin ich zur Polizeiwache gegangen, habe dort den Hergang erneut geschildert und Moses' Adresse angegeben. Langsam kam mir die ganze Sache doch komisch vor.

Was darauf folgte, war ein Durcheinander: Die Polizei führte bei meinen Freunden eine Durchsuchung durch, konnte aber keine Anhaltspunkte hinsichtlich der Plakette finden. Sie müssen allerdings Verdacht geschöpft haben, denn die Polizei begann, gegen Moses zu ermitteln. Kurz darauf erhielt ich einen Brief von einem Anwalt, der mich in Moses' und Mary-Anns Namen verklagte. In dem Brief standen unglaubliche Dinge: Die beiden würden mich gar nicht kennen. Ich würde lügen, wenn ich behauptete, ich hätte ihnen 200 Mark gegeben. Niemals hätten sie mein Auto zum TÜV gebracht. Nun, Letzteres stimmte wohl. Vom TÜV hatte Moses meine Plakette sicherlich nicht her.

Die ganze Angelegenheit kam tatsächlich vors Gericht. Viele rieten mir dazu, dass auch ich mir einen Anwalt nehmen sollte, denn Moses und Mary-Ann hatten ebenfalls einen eingeschaltet. Ich sagte: »Nein. Ich nehme keinen Anwalt. Ich gehe mit Gott dorthin, er und ich, das muss reichen. Schließlich habe ich nichts getan.«

Die Gerichtsverhandlung lief sehr seltsam ab. Der Anwalt der beiden stellte mir ganz komische Fragen: ob ich mit diesem oder jenem Mann zusammen gewesen war, ob ich Mitglied unserer Kirchengemeinde sei. Schließlich fragte ich den Richter:

»Sind wir etwa wegen einer Kirche hier? Geht es darum, mit wem ich geschlafen habe? Oder nicht vielleicht doch um eine gestohlene TÜV-Plakette?«

Da musste er mir zustimmen. Meine Freunde zogen ab, samt Anwalt. Ich bekam mein Recht.

Mir war Recht zugesprochen worden, aber nun stand ich wieder ganz allein da. Um sich zu rächen, hatte Mary-Ann herumerzählt, dass ich als Klofrau arbeitete. Ich erkannte, dass ich in dieser Kirchengemeinde, in der Mary-Ann und Moses weiterhin eine ganz große Nummer waren, nichts mehr verloren hatte.

Wieder fühlte ich mich wie ein entwurzelter Baum, ohne Rückhalt, ohne einen Ort, wo ich hingehörte. So ganz allein in einem fremden Land zu leben, ohne Familie, ohne Freunde, das ist entsetzlich deprimierend. In dieser Zeit begann ich nach all den Jahren, wieder über Selbstmord nachzudenken. Was hatte das alles für einen Sinn, fragte ich mich. Mein Leben war verkorkst. Jede Beziehung war in die Brüche gegangen. Ich war einsam. Sogar meine Freunde hatten mich verraten. Mir fehlten die Gottesdienste, die mir Woche für Woche neue Kraft gegeben hatten.

Ich erinnere mich noch gut an einen Tag im Herbst, an dem alles in Nebel gehüllt war. Tage wie diese sind für mich, die ich aus einem Land komme, wo die Sonne immer und oft bis zum Überdruss scheint, besonders schwer zu ertragen. Während meiner Arbeit auf der Messe hatte ich überlegt, wie ich meinem Leben am besten ein Ende setzen könnte. Einfach einschlafen und nicht mehr aufwachen, das schien mir die beste Lösung. Niemand würde mich vermissen. Ich würde kein Mäusegift mehr schlucken, nein, inzwischen hatte ich ganz andere Möglichkeiten. Eine Überdosis Schlaftabletten würde genügen.

Als ich an diesem Abend nachhause kam, fand ich in meinem Briefkasten ein Schreiben aus meiner Heimat. Es stammte von einem der Bukom-Kinder, die im Haus meiner Mutter unter der Obhut meines Onkels lebten.

»Liebe Harriet«, schrieb mir das Mädchen, »wie geht es dir? Mir geht es gut. Lezte Woche hatte ich Husten, aber der ist schon wieder weg. Gestern haben wir unsere Zeugnise bekommen und ich habe nur in Englich eine Drei, sonst lauter Zweien und in Matematik sogar eine Eins. Ich bin so glücklich, dass ich zur Schule gehen kann. Vor einem Jahr konnte ich noch nicht einmal schreiben. Und jezt schreibe ich dir diesen Brief.

Ich bete morgens, mittags und abends dafür, dass Gott dir gute Tage schenkt. Möghe er dich segnen und überall hin begleiten. Auch meine Mutter lässt dich hertzlich grüssen. Du wohnst immer in unseren Hertzen!

In Liebe deine Rebecca«

Ich weinte – und lachte unter Tränen über Rebeccas Rechtschreibfehler. Wie dumm ich doch war! Ich wurde geliebt und gebraucht. Gott hatte mir eine Aufgabe gestellt, schon als Kind hatte ich meine Bestimmung erkannt.

Ja, ich war einsam in Deutschland, aber zuhause würden mich 51 Kinder vermissen, wenn es mich nicht mehr gäbe. Wie ihre Väter würden sie Fischer werden, die ihr Leben lang nicht aus der Schuldenfalle der Kanu-Besitzer herauskämen. Die Mädchen würden im Alter von 13 Jahren Babys bekommen und von da an in Bukom von kleinen Hilfsarbeiten ein armseliges Leben fristen. Viele würden gar nicht erst erwachsen werden, weil sie vorher an Malaria oder Typhus sterben würden, da das Geld für Medikamente fehlte.

Ich wusch mir das Gesicht und betrachtete mein Spiegelbild. Ich hatte eine Aufgabe. Endlich wusste ich wieder, wofür ich auf der Welt war.

ETWAS BEGINNT UND ETWAS ENDET

»Du bist wie eine Katze«, sagte einmal jemand zu mir. »Egal, aus welcher Höhe man dich hinunterwirft, du landest immer auf den Beinen.«

Tatsächlich bin ich wieder und wieder in die Tiefe gestürzt und immer aufgestanden. Ich hoffe und bete, dass ich das tiefe Tal der Tränen heute endgültig hinter mir gelassen habe, denn dieses hatte ich tatsächlich durchqueren müssen, ehe ich die Kreise gefunden habe, in die ich gehöre.

Nachdem ich die afrikanische Kirchengemeinde verlassen hatte, litt ich darunter, in Glaubenssachen wieder heimatlos zu sein. So heuchlerisch manche Mitglieder auch gewesen sein mögen, die Gemeinde war für mich so etwas wie ein Stück Heimat in Deutschland geworden. Nun musste ich mich neu orientieren.

Immer wieder dachte ich an die anglikanische Kirche, von der ich in Anthonys Unterlagen nach unserer Ankunft in Deutschland gelesen hatte. Ich hatte mich nie aufraffen können, aktiv nach ihr zu suchen. Und dann erlebte ich einmal mehr, wie zielgenau mich Gott auf den Weg schickt, wenn er will.

Nach Dienstschluss hatte ich mich in meinem Auto auf den Heimweg gemacht. Keine 200 Meter von der Messe entfernt machte der Motor komische Geräusche und blieb plötzlich stehen. Was ist denn jetzt los, dachte ich, bis eben hat der Wagen doch einwandfrei funktioniert. Na gut, dann gehe ich eben zu Fuß zurück zur Messe und bitte meine Kollegen um Hilfe.

Gesagt, getan. Ich überquerte die Straße und ging auf der gegenüberliegenden Seite zurück. Und auf einmal sah ich da eine Kirche, verborgen hinter hohen Bäumen. Obwohl ich diesen Weg schon so viele Jahre entlanggefahren war, hatte ich sie zuvor noch nicht entdeckt. Ich betrachtete das Gebäude aus der Nähe und sah neben dem Eingang ein Schild mit den Gottesdienstzeiten.

Am folgenden Sonntag betrat ich um elf Uhr morgens ganz schüchtern und vorsichtig den Kirchenraum – immer darauf gefasst, einer Sekte in die Hände zu fallen. Aber es handelte sich nicht um eine Sekte. Erst als der Gottesdienst nahezu vorbei war, kapierte ich endlich, dass ich die anglikanische Kirche gefunden hatte.

Bei den Anglikanern gefiel es mir gut. Der Gottesdienst ist zwar bei Weitem nicht so temperamentvoll und emotional wie bei uns Afrikanern, aber ich mochte die souveräne und freundliche Art des Pastors. Gleich nach dem ersten Besuch war mir klar: Solch emotionale Dramen wie in der afrikanischen Gemeinde würde ich hier nicht erleben. Aber mein Bedarf an Szenen wie diesen war auch vollständig gedeckt. Alles, was ich suchte, war eine geistige Heimat, die zu mir passte. Hier hatte ich sie gefunden.

Meine Kollegen hatten mir übrigens geholfen, den Wagen neu zu starten, und von da an lief er wieder einwandfrei. Ich bin

ALLEIN IN DER FREMDE

überzeugt, dass es Gott höchstpersönlich gewesen ist, der mein Auto genau an dieser Stelle zum Stehen gebracht hatte, damit ich endlich dieses Gotteshaus fand.

Dass ich hier wirklich eine echte geistige Heimat gefunden hatte, zeigte sich am folgenden Weihnachtsfest. Der Weihnachtsabend ist für mich, seit ich in Deutschland lebe, immer eine heikle Sache. Zu oft habe ich ihn ganz allein verbringen müssen. In Ghana feiert man ihn in geselliger Runde und ist ausgelassener Stimmung. Die Türen stehen dann überall offen – jeder ist herzlich willkommen, niemand ist ausgeschlossen. Ganz anders in Deutschland, wo die Menschen am Vormittag noch hektisch einkaufen und sich ab dem Nachmittag hinter ihren Haustüren zu verbarrikadieren scheinen. Meistens habe ich an Weihnachten so lang es ging gearbeitet, doch auch die Kneipen machen irgendwann zu. Für mich sind es traurige Abende gewesen, an die ich mich gar nicht mehr erinnern mag.

Nachdem ich in die anglikanische Kirchengemeinde eingetreten war, habe ich mich wieder einmal auf so ein einsames Weihnachtsfest vorbereitet, an dem ich möglichst lange arbeiten und dann die gesammelten Briefe »meiner« Kinder hervorholen und immer wieder lesen würde. Doch dann geschah ein Wunder. Am letzten Sonntag vor dem Weihnachtsfest fragte mich der Pastor nach dem Gottesdienst:

»Harriet, was machst du eigentlich an Weihnachten?«

»Ach«, sagte ich, »nichts Besonderes. Ich hab ja niemanden.«

»Möchtest du zu uns kommen?«

Ich starrte ihn an. Stammelte ein Dankeschön. Ja, ich würde gerne kommen. Und auf einmal freute ich mich auf Weihnachten. Es sollte ein wunderschöner Abend werden. Ich war der einzige Gast, der nicht zur Familie gehörte, aber das ließ mich niemand spüren.

Im Jahr darauf habe ich aus der Kirchengemeinde zwei weitere Einladungen erhalten. Aber ich sagte mir, dass ich Weihnachten lieber im Haus des Pastors verbringen möchte, sofern er mir dies erneut anbieten würde. Seither habe ich mit seiner Familie den Heiligen Abend verbringen dürfen.

Niemand, der nicht wie ich ganz allein in der Fremde lebt, kann nachempfinden, was diese Geste bedeutet. Viele sagen, Heiligabend sei ein ganz gewöhnlicher Abend, doch das ist nicht wahr. An keinem anderen Abend spürt man so sehr, ob man einsam ist oder nicht, wie am Weihnachtsfest. Dank der Familie des Pastors der anglikanischen Kirche hatte ich schließlich auch für dieses Fest in Deutschland eine Heimat gefunden.

Im Jahr 2001 erlag meine jüngere Schwester Ama Tanowaa ihrer seltsamen Krankheit. Ich war sehr traurig. Warum hatte ich gesund werden dürfen und meine arme Schwester nicht? Das habe ich mich oft gefragt. Meine Mutter war all die Jahre in London gewesen und hatte die Betreuung der kranken Schwester unseren Verwandten überlassen. Während ich durch den Trank der alten Heilerin gesund geworden war, hatte es für Tanowaa keine Hilfe gegeben.

Meine Mutter nahm den Tod ihrer jüngsten Tochter zum Anlass, nach Ghana zurückzukehren. Mein Onkel zog daraufhin wieder in sein eigenes Haus und meine Mutter nahm seinen Platz ein. In ihrem Haus lebten mittlerweile schließlich die 51 Kinder aus Bukom. Das Programm hatte sich als erfolgreich erwiesen, die Kinder bewährten sich ausgezeichnet in der Schule. Mama Patience hatte sich all die Zeit um den Haushalt gekümmert und die Betreuung übernommen.

Da meine Mutter wieder zuhause lebte, schien es mir nicht richtig, das Geld für die Kinder weiterhin Mama Patience zu schicken. Aus Respekt bat ich daher meine Mutter, die Verwaltung des Geldes, das ich regelmäßig überwies, zu übernehmen. Sie erklärte sich einverstanden. Für ärmere Kinder zu sorgen ist in unserer Kultur nämlich eine Ehrensache.

Jahrelang hatte ich es geschafft, aus eigener Kraft finanziell für diese Kinder aufzukommen. Ich war davon überzeugt, dass mir dies auch weiterhin gelingen und mich gerade meine eigene Mutter darin unterstützen würde.

VII. AFRICAN ANGEL

WIE ALLES BEGANN

Die Gäste im »Einhorn« waren von meinem Projekt begeistert. Eines Tages kam ein besonders netter Stammgast und fragte mich, ob ich schon daran gedacht hätte, einen Verein zu gründen.

»Einen Verein? Wozu einen Verein?«

»Dann kannst du für deine Kinder noch besser Geld sammeln.«

»Was genau ist denn überhaupt ein Verein?«, wollte ich neugierig wissen.

Er erklärte es mir. Ehrlich gesagt habe ich nur die Hälfte verstanden.

»Dann kannst du Spenden einnehmen und die Leute können das von der Steuer absetzen«, meinte ein anderer.

Das klingt gut, dachte ich.

»Und Patenschaften«, hörte ich sagen. »Dann übernehmen die Spender für ein bestimmtes Kind das Schulgeld. Wenn das 100 machen, kannst du 100 Kinder aufnehmen.«

Mir schwirrte der Kopf, aber die Idee gefiel mir. So ein Verein schien eine wirklich gute Sache zu sein. Ich hatte nur nicht die geringste Ahnung, wie ich einen Verein gründen sollte.

»Du musst dein Projekt registrieren lassen«, erklärte mir wieder jemand. »Da gibt es strenge Vorschriften und bestimmte Bedingungen, die erfüllt sein müssen.«

»Und man braucht einen Namen«, warf ein weiterer Gast ein.

»Einen Namen hab ich schon«, sagte ich. »›African Angel‹. So hat Jörg mich mal genannt. Ich finde, das ist ein guter
Name.«

Darin waren sich alle einig: Es war wirklich ein toller Name
für ein tolles Projekt. Dann ging jeder wieder seiner Wege und
ich blieb zurück und zerbrach mir den Kopf, wie ich einen Verein gründen könnte.

Ich bekam Hilfe. Jörg brachte die Satzung eines anderen
Vereins mit, die ich abtippte und an der ich die nötigen Ände-
rungen vornahm.

Und nun? fragte ich mich. Ich kam nicht weiter.

Die Satzung verschwand in der Schublade. Ich kam sowieso
kaum zum Nachdenken. Meine beiden Jobs sorgten dafür, dass
ich nachts oft nur wenige Stunden Schlaf bekam. Im Übrigen
wusste ich ohnehin nicht, wie ich diese Vereinsgründung anpacken sollte.

»Wir brauchen sieben Gründungsmitglieder«, erklärte mir
Jörg.

»Machst du mit?«, fragte ich ihn.

»Ich bin dabei. Dann brauchen wir also noch fünf.«

Doch ich wagte es nicht, die anderen Gäste des »Einhorn«
darauf anzusprechen. Sie wussten schließlich, dass ich einen
Verein gründen wollte, und hätten sich von selbst melden können. Aber wahrscheinlich dachten sie alle: Das kriegt die Harriet bestimmt nicht hin.

Es gab da einen Stammkunden im »Einhorn« namens Helge, der
mein Projekt ganz besonders unterstützte. Oft legte er einen
großen Schein in meinen Teller; manchmal wollte er Wechselgeld, manchmal auch nicht.

Eines Tages sagte Helge zu mir: »Harriet, du glaubst doch an
Gott, oder?«

»Ja. Natürlich.«

»Dann musst du beten, denn ich bin an einer ganz großen

Sache dran. Und wenn daraus was wird, dann hab ich etwas für dich.«

Doch was genau das war, verriet Helge nicht.

Als alles unter Dach und Fach gewesen war, erfuhr ich, dass Helge sich um die Konzession für »Les Halles« beworben und sie glücklicherweise erhalten hatte. Daraufhin bot er mir ausgezeichnete Jobs an, damit ich für »meine« Kinder noch mehr Geld verdienen könnte. Viele waren damals an den Putzjobs interessiert, vor allem die Toilette war begehrt. Doch Helge sagte: »Nein, das macht die Harriet.«

Er übertrug mir die Aufsicht über das gesamte Putzpersonal im »Les Halles«. So engagierte ich für die Wochentage, an denen ich selbst auf der Messe arbeitete oder abends im »Einhorn« war, Afrikanerinnen, die sich unter meiner Leitung die Schichten teilten. Samstags, wenn ich frei hatte, übernahm ich selbst den Toilettendienst von morgens sechs bis abends sechs Uhr. Es war Helges Idee, dass ich im »Les Halles« Plakate aufhängen sollte, damit die Leute erfuhren, wofür ich diese Arbeit machte. Auf diese Weise wurden viele Gäste auf mein Projekt aufmerksam und ich konnte noch mehr Geld für die Bukom-Kinder einnehmen.

Nachdem Helge noch eine Diskothek aufgemacht hatte, durfte ich dort als Garderobenfrau arbeiten. »Meine« Kinder verdanken diesem Mann eine Menge, ohne ihn wäre Vieles nicht möglich gewesen.

Die Idee, einen Verein zu gründen, ließ mich einfach nicht los. Eines Tages hatte ich beschlossen, in der Rheinischen Post eine Anzeige zu schalten. »Mitstreiter zwecks Gründung eines Vereins zur Unterstützung afrikanischer Kinder gesucht.«

Ich erhielt tatsächlich Zuschriften, die ich immer wieder las. Doch ich hatte einfach keine Ahnung, was ich als Nächstes tun sollte. So verlief die Sache im Sand.

Ein paar Monate später rappelte ich mich erneut auf und wiederholte die Anzeigenaktion. Mir wurden drei Briefe geschickt: Eine Frau wollte ein Nähprojekt mit Afrikanerinnen aufziehen und deren Produkte in Deutschland verkaufen. Die beiden anderen schrieben, sie hätten grundsätzlich Interesse. Was ich denn vorhabe, wollten sie wissen.

Und wieder war mir unklar, wie ich auf diese Briefe reagieren sollte. Ein Nähprojekt kam für mich nicht infrage. So wurde auch aus diesem Anlauf zur Vereinsgründung nichts.

Eines Tages musste ich nach Bonn zum Ghanaischen Konsulat, um meinen Pass verlängern zu lassen. Eine glückliche Fügung wollte es, dass ich dort den Konsulatsmitarbeiter James Sarpong kennenlernte. Ihm habe ich gleich von dem Hilfsprojekt und meinen Plänen erzählt.

»Und«, fragte er, »was hast du bisher unternommen?«

Als ich ihm von den Briefen und meiner Ratlosigkeit berichtete, lachte er.

»Was du machen sollst? Na, antworten natürlich. Du musst den Interessenten erklären, was genau du erreichen willst und wofür sie sich engagieren, wenn sie mit dir einen Verein gründen.«

Das leuchtete mir ein. Wir sprachen darüber, was ich mit einem Verein alles erreichen könnte. Ich verstand die Zusammenhänge auf einmal viel besser.

»Du musst einen Ort haben, an dem ihr euch treffen könnt«, erklärte er mir. »Das kann natürlich nicht bei dir zuhause sein, ein öffentlicher Raum wäre gut, vielleicht ein seriöses Lokal. Hast du eine Idee? Und dann gibst du eine neue Anzeige auf – aller guten Dinge sind drei. Den Leuten, die sich melden, musst du einen Brief schicken. Allen denselben, aber mit persönlicher Anrede ...«

»Aber ich habe keinen Computer«, erwiderte ich kleinlaut, »und einen Brief auf Deutsch zu schreiben ...«

»Weißt du was«, schnitt er meine Bedenken ab, »lass uns einen Termin machen. Dann helfe ich dir dabei.«

Gemeinsam mit James entwarf ich einen Brief, der keine Frage offenließ. Im »Les Halles« fragte ich Helge, ob ich für die Gründungssitzung meines Vereins einen Tisch reservieren durfte. Natürlich erlaubte er es. Und wurde neugierig: Harriet gründete jetzt tatsächlich einen Verein?

Auf die dritte Annonce, die ich in der Rheinischen Post aufgegeben hatte, erhielt ich 26 Zuschriften. An all diese Menschen schickte ich den Brief, den ich mit James verfasst hatte, und lud sie auf einen bestimmten Abend ins »Les Halles« ein.

Ich muss gestehen, dass ich vollkommen mutlos war, als sich dieser Tag näherte. Ich glaubte nicht daran, dass auch nur ein einziger Interessent kommen würde. Ja, wenn ich ehrlich bin, hatte ich sogar vor, zu kneifen und gar nicht erst bei dem Treffen zu erscheinen. Doch ich lese jeden Morgen in meiner Bibel, und am 15. September 2002 schlug ich zufällig diese Verse auf: »Ich bin dein Gott, der mit dir angefangen hat / und ich werde mit dir bis zum Ende gehen.« Das ist ein Zeichen, dachte ich. Wenn Gott dich begleitet, wird alles gut.

Am Abend waren wir genau sieben Leute. Exakt so viele, wie zur Gründung eines Vereins benötigt werden. Jörg, Anwalt und Stammgast im »Einhorn«, hatte Wort gehalten, er war dabei. Sonst sah ich lauter fremde Gesichter.

An jenem Abend wurde *African Angel e.V.* gegründet. Nun ging es darum, den Verein eintragen zu lassen. Dass wir genügend Personen waren, um einen Vorstand zu bilden, hatte mir neuen Mut gegeben, weshalb ich beim Amtsgericht einen Termin vereinbarte. Und was ich bis zuletzt nicht zu hoffen gewagt hatte, wurde schließlich wahr – ich, Harriet Bruce-Annan aus Ghana wurde die Erste Vorsitzende eines deutschen gemeinnützigen, eingetragenen Vereins.

EIN MUTIGER SCHRITT

Natürlich verband ich mit der Vereinsgründung viele Hoffnungen. Alle hatten gesagt, mit einem Verein ginge es viel schneller. In meiner Fantasie sah ich mich aus Bukom schon Hunderte von Kindern herausholen.

Kurz nach der Eintragung von *African Angel* ins Vereinsregister im Frühjahr 2003 flog ich nach Ghana. Bei dieser Gelegenheit besuchte ich meine Verwandten in Bukom, wo meine Großtante im Family House, das einst meiner Oma gehört hatte, eine Versammlung der Nachbarn einberief.

Ich erzählte ihnen von meinen Plänen. Als sie hörten, dass ich ihre Kinder unterstützen und ihnen eine Schul- und Berufsausbildung ermöglichen wollte, fielen sie alle über mich her. Ich würde sie belügen. In Wirklichkeit wollte ich ihre Kinder verkaufen, sie zu Prostituierten machen und Schlimmeres. Ich erinnerte sie daran, dass ich mit ihnen aufgewachsen war, dass ich eine der Ihren sei und mir schon als Kind das vorgenommen hatte, was ich bald in die Tat umsetzen würde.

»Diejenigen«, sagte ich, »die an mich glauben, deren Kinder werden die Chance haben, etwas Besseres aus ihrem Leben zu machen. Ich komme wieder. Bis dahin könnt ihr euch die Sache überlegen.«

Ich kehrte nach Deutschland zurück und machte mich an die Arbeit. Mit dem Verein *African Angel* kommt die Sache endlich voran, dachte ich. Doch zunächst schien es mir, als würde ich auf der Stelle treten.

Nicht, dass sich die Begeisterung für das Projekt gelegt hätte. Ich hatte gehofft, durch die Plakate, die ich im »Les Halles« aufhängen durfte, neue Mitglieder zu gewinnen, aber das war nicht der Fall. Alle waren zwar sehr angetan, spendeten auch mehr Geld, als sie sonst einer Toilettenfrau gegeben hätten, aber sich selbst engagieren wollten sie nicht.

Auch mit den Patenschaften ging es schleppend voran. Der Erste, der als Pate ein Kind übernommen hatte, war mein Pastor. Aber sein Beispiel machte leider nicht die Runde.

Schließlich brachte mich ein Freund auf die Idee, mit ihm gemeinsam eine Broschüre zu gestalten, die über das Projekt informieren und Fotos der Kinder zeigen würde. Vereinsmitglieder könnten sie dann an Freunde weitergeben und verschicken.

Damals habe ich mit allen Mitteln versucht, *African Angel* bekanntzumachen. Ich hatte von einem Afrika-Markt in Duisburg erfahren und stellte dort unseren Stand mit Plakaten und Flyern auf, legte die Broschüren aus und sprach ohne Unterlass mit Hunderten von Besuchern. Da kam eine Frau auf mich zu und strahlte mich herzlich an.

»Hey, ich habe deine Broschüre schon in meiner Kirche gesehen. Seitdem will ich dich unbedingt kennenlernen. Eine Freundin hat dich hier entdeckt und mich sofort angerufen, damit ich komme. Ich heiße Anni. Dein Projekt finde ich super.«

So stieß Anni also zu uns. Wir hatten uns gesucht und gefunden. Sie erzählte mir, dass sie sich schon seit Jahren für Afrika interessiert und engagiert habe. Anni hat uns viel Schwung, Ideen und sogar ein paar neue Mitglieder gebracht.

Volker hatte die Idee, im »Einhorn« afrikanische Partys zu veranstalten mit Cocktails in Kalebassen, afrikanischer Musik und weiteren landestypischen Besonderheiten. »Saufen für Afrika« hieß der Slogan, der in Düsseldorf gut ankam – je mehr die Gäste tranken, desto mehr Geld kam für die Kinder in den Spendentopf.

So tat zwar jeder, was er konnte, und doch ging mir alles viel zu langsam. Es sollte endlich etwas Entscheidendes passieren. Darum ergriff ich schließlich die Initiative.

Eineinhalb Jahre nach der Gründung des Vereins hatten wir 5000 Euro eingenommen. Ich berief eine Versammlung ein und schlug vor, mit diesem Geld nach Ghana zu fliegen und ein

Haus anzumieten, um endlich neue Kinder aufnehmen zu können. Alle hielten mich für verrückt.

»Das reicht doch vorne und hinten nicht«, war die einhellige Meinung. »Bevor wir nicht 30000 Euro beisammen haben, brauchst du gar nicht erst runterzufliegen.«

Aber ich war davon überzeugt, dass ich mein Vorhaben auch mit dem umsetzen würde, was wir hatten. Und das waren nun einmal 5000 Euro.

Mein Jahresurlaub betrug damals drei Wochen, die ich immer in Ghana verbrachte. In diesem Jahr musste mein Urlaub ausreichen, um ein passendes Haus ausfindig zu machen, es anzumieten und einzurichten sowie neue Kinder aufzunehmen und Schulplätze für sie zu finden.

Ich flog daher nach Accra und begann sofort damit, mir Häuser anzusehen.

Die Begeisterung der Deutschen gewöhnt, bekam ich in Ghana einen gehörigen Dämpfer verpasst. Die Hausbesitzer waren nicht davon entzückt, dass Slum-Kinder in ihren tollen Häusern wohnen sollten. Es war immer dasselbe: Sahen sie mich, waren sie eifrig und beflissen. Dass ich aus Europa kam, erkannten sie schon von Weitem. Bereitwillig zeigten sie mir ihre Häuser und priesen sie in den höchsten Tönen an. Aber kaum erzählte ich, für welche Zwecke ich das Haus mieten wollte, da war die Sache entweder gestorben oder die Vermieter verlangten horrende Summen, weil sie dachten, ich hätte gleich die ganze Deutsche Bundesbank mitgebracht.

So vergingen zwei der drei Wochen, die ich zur Verfügung hatte, erfolg- und ergebnislos. Mir wurde klar, dass ich meine Strategie ändern musste, wollte ich nicht unverrichteter Dinge nach Deutschland zurückfliegen.

Von nun an gab ich vor, ein Haus für mich und meine Kinder zu suchen. Niemand fragte, wie viele es seien. Auf diese Weise fand ich endlich eine geeignete Unterkunft und unterschrieb den Mietvertrag. Der Besitzer verlangte die Miete für drei Jahre im Voraus, was in Ghana üblich ist. Da ich so viel Geld nicht hatte, machte ich ihm klar, dass eine Jahresmiete in diesem Fall ausreichen müsse. Er war einverstanden. Ich atmete auf.

So blieb noch eine Woche, um das Haus einzurichten. Ich hatte beschlossen, für den Anfang 24 Kinder aufzunehmen. Also ließ ich bei einem Schreiner zwölf Stockbetten anfertigen und trieb ihn zur Eile. Es gab schöne Einbauschränke im Haus, für Stauraum war daher schon gesorgt.

Nun kam der Teil, der mir Herzklopfen bereitete: Waren die Frauen in Bukom noch immer der Meinung, ich wollte ihre Kinder verkaufen? Ich mietete einen Kleinbus und fuhr mit ihm nach Bukom. Auf den winzigen Platz vor dem Haus meiner Oma stellte ich mich hin.

»Da steht ein Bus«, sagte ich. »Die Eltern, die an mich glauben, können mir jetzt ihre Kinder anvertrauen. 24 kann ich aufnehmen. Wer diese Chance für seine Kinder nutzen will, kann sie jetzt in den Bus setzen.«

Der Bus war im Handumdrehen voll. Es gab auch Kinder, die selbst hineinkletterten, doch von ihren Eltern wieder herausgeholt wurden. Ich machte eine Liste, verabschiedete mich und fuhr mit den Kindern zuallererst in eine Klinik, wo sie von Kopf bis Fuß durchgecheckt wurden.

Drei Kindern haben wir damit das Leben gerettet. Es stellte sich heraus, dass sie eine Infektion hatten, die tödlich verlaufen wäre. Mit der richtigen Behandlung wurden sie bald wieder gesund. Als ich am Ende des Tages die Klinikrechnung bezahlte, erlebte ich eine Überraschung. Es handelte sich nämlich nicht um 24 Kinder, wie ich geglaubt hatte, sondern um 26. Zwei hatten sich heimlich dazugemogelt. Anhand der Liste, die ich in Bukom geschrieben hatte, konnte ich gleich feststellen, dass es sich um Straßenkinder handelte, die keine Familie hatten. Sie durften natürlich bleiben. Die Identität dieser beiden »blinden Passagiere« habe ich bis heute geheim gehalten. Sie sollten in meinem Haus nicht wie Kinder zweiter Klasse aufwachsen, sondern dazugehören wie alle anderen auch. Darum haben damals alle Kinder reihum im Wechsel eine Woche auf dem Boden schlafen müssen. Schließlich hatte ich nur zwölf Stockbetten bestellt und das Haus bot auch wirklich nicht Platz für eines mehr. Den Kindern machte das nichts aus, sie waren ohnehin nichts anderes gewöhnt.

Da ich jetzt wusste, wie alt die Kinder waren, begab ich mich nun auf die Suche nach einer Schule, die sie aufnehmen würde. Das erwies sich als schwieriger, als ich gedacht hatte. Natürlich war es für jeden Schulleiter und Lehrer eine Herausforderung, Slum-Kinder, die noch nie eine Schule von innen gesehen hatten, in eine Klasse zu integrieren. Unter meinen Schützlingen befanden sich 14-Jährige, die weder lesen noch schreiben konnten. »Das geht nicht«, war die knappe Antwort, die ich von den Pädagogen erhielt.

Ich klapperte jede Schule im Umkreis ab und wurde überall abgewiesen. Das Haus, das ich gemietet hatte, lag in einer vornehmen Gegend und die Lehrer bekamen bei der Vorstellung Schüttelfrost, ihre aus Ministerialbeamten-, Ärzte- und Juristenkindern bestehenden Klassen mit Slum-Kindern zu mischen. Aber es half nichts, ich musste eine Schule für sie finden. Während der Fahrten von einer Adresse zur nächsten betete ich inbrünstig: »Herr, lass die Sache nicht an der Arroganz der Lehrer scheitern.«

Er erhörte mich. Der Leiter der allerletzten Schule im Stadtteil erkannte die Herausforderung als Chance. Er war von meinem Projekt begeistert und beschloss, mich und die Kinder zu unterstützen.

Er stellte für die Bukom-Sprösslinge zunächst eigene Klassen zusammen, damit sie gemeinsam die Grundlagen erlernen konnten. Später wurden sie dann je nach ihrer Entwicklung in bestehende Klassen integriert.

Die älteren Kinder machten rasch Fortschritte und die meisten »meiner« Kinder gehören heute sowieso zu den Klassenbesten. Damals sind sie noch echte Wildfänge gewesen und haben ihre Lehrer mitunter auf harte Proben gestellt. Ich bin diesem Kollegium noch heute dankbar, dass sie sich auf dieses Abenteuer eingelassen haben.

Alle Kinder, die von *African Angel* aufgenommen worden sind, wissen ganz genau, welch einzigartige Chance sie erhalten haben und was sie verlieren würden, sollten sie diese verspielen. Sie kommen aus einem harten Leben, sie kennen Mangel und Not, seit sie auf der Welt sind, und für die meisten ist das Leben im Kinderhaus von *African Angel* wie ein Traum. So schwer es für einige von ihnen auch gewesen ist, den Umgang mit ihren Aggressionen zu lernen, und auch wenn einige Heimweh nach ihren Familien haben – keines der Kinder will zurück. Natürlich besuchen sie ihre Familien, sie leben schließlich weiterhin in derselben Stadt und ich habe nicht das geringste Interesse daran, sie ihren Verwandten zu entfremden. Ganz im Gegenteil.

Während meines Jahresurlaubs 2004 meldete ich die Kinder also in der Schule des verständnisvollen Direktors an, bezahlte die Schulgebühren und schickte die Kinder vorläufig wieder zu ihren Familien zurück, weil noch Ferien waren. Da merkten auch die misstrauischsten Eltern, dass ich nicht vorhatte, ihre Sprösslinge an Bordelle zu verkaufen.

Sechs Kinder waren noch nicht im Schulalter. Für sie fand ich in der Nähe des Hauses einen vornehmen Kindergarten. Ich hatte noch etwas von den Spendengeldern übrig, machte mich eines Morgens elegant zurecht und fuhr zu diesem Kindergarten. Die Direktorin war in der Ferienzeit nicht da, dafür aber ihre Sekretärin.

»Ich möchte gerne meine Kinder anmelden.«

»Gerne«, meinte sie und zog die Schublade mit den Anmeldeformularen auf. »Wie viele sind es denn?«

»Sechs«, sagte ich selbstbewusst und hoffte, dass sie nicht

stutzig werden würde. Denn welche Mutter hat schon gleich sechs Sprösslinge im Kindergartenalter? Doch ihr fiel gar nichts auf. Sie zählte sechs Anmeldeformulare ab und reichte sie mir. Ich beeilte mich mit dem Ausfüllen und legte dann das Geld für die Gebühren für ein Jahr im Voraus auf den Tisch. Sind die Kinder erst einmal angemeldet und die Plätze bezahlt, dann können sie sie nicht so leicht wieder hinauswerfen, dachte ich.

Mein Plan ging auf. Als ich später mit den sechs Bukom-Kindern anrückte, fiel die Direktorin fast in Ohnmacht. Ich glaube, sie hätte ihre Sekretärin am liebsten umgebracht. Aber die Kinder waren ordnungsgemäß angemeldet. Ich war unendlich stolz, »meine« Kids mitten unter diesen vornehmen Oberschichtkindern zu wissen. Die Erzieherinnen hatten allerdings kein leichtes Spiel mit ihnen: Die Bukom-Kinder verprügelten anfangs ihre reichen Kameraden und heizten ihnen ordentlich ein, sodass diese gar nicht wussten, wie ihnen geschah.

Mein Urlaub reichte gerade noch aus, um einen Hausmeister und zwei Frauen anzustellen, welche die Kinder im Haus betreuten. Helena, eine von ihnen, ist heute noch bei *African Angel*. Ich bin ihr sehr dankbar, denn sie hat einiges mit mir mitgemacht.

Wieder in Deutschland, hatte ich keine Ruhe. Nach zwei Wochen bat ich um unbezahlten Urlaub, lieh mir noch ein bisschen Geld und flog zurück nach Accra. Dort musste ich mich noch um unzählige Details kümmern. Unter anderem gründete ich den Verein *African Angel Ghana*, stellte das neue Personal ordnungsgemäß an, sorgte dafür, dass die Kinder eingeschult wurden und stattete das Haus mit allem Nötigen aus.

Damit hatte ich das erste Kapitel der Vereinsgeschichte geschrieben. Es ist ein Kraftakt gewesen, aber es hat funktioniert. Ich habe gelernt, dass nichts von allein geschieht. Handelt man erst, wenn die Bedingungen optimal erscheinen, zieht das Leben womöglich ungenutzt vorbei.

EINE BITTERE ERFAHRUNG

Das durch *African Angel* finanzierte und unter der Aufsicht von Mama Helena stehende Kinderhaus lief parallel zu dem Projekt, das ich schon Jahre zuvor im Haus meiner Mutter privat ermöglicht hatte. Da ich dieses aus eigener Kraft am Leben halten konnte, wollte ich mit den Spendengeldern von *African Angel* eine neue Initiative starten – das Kinderhaus.

Ich engagierte mich also einerseits für den Verein, während ich andererseits aus meinen Einnahmen als Toilettenfrau nach wie vor die Ausbildung für die 51 Kinder bezahlte. Das benötigte Geld schickte ich meiner Mutter, was insgesamt zwei Jahre gut ging. Jedenfalls glaubte ich das.

Während meiner arbeitsintensiven Besuche in Accra sah ich natürlich auch meine Mutter und führte viele Gespräche mit ihr. Lange wollte ich nicht wahrhaben, dass zwischen uns tatsächlich eine Entfremdung stattgefunden hatte; Auslöser war wahrscheinlich meine Schwangerschaft gewesen. Die Jahre, die meine Mutter im Haus meiner ältesten Schwester verbracht hatte, schienen uns zusätzlich voneinander entfernt zu haben. Doch auch die Schicksalsschläge hatten meine Mutter verändert. Zu meinem Schrecken bemerkte ich, dass sie inzwischen auf eine bedenkliche Art fromm geworden war und allen möglichen windigen Predigern hinterherrannte. Sie war ihnen in gewisser Weise hörig und gab ihnen all ihr Geld.

Ich musste feststellen, dass während meiner Abwesenheit in Ghana zahlreiche christliche Freikirchen und Sekten aus dem Boden geschossen waren. Meiner Meinung nach stecken hinter vielen dieser vermeintlichen Kirchen findige Voodoo-Priester, die erkannt haben, dass sich die Menschen eher zum Christentum hingezogen fühlen, die afrikanische Spiritualität aber nicht missen wollen. So entstand eine ganze Armee falscher Priester, die noch heute nur ein Ziel haben: den Leuten so viel Geld wie möglich aus der Tasche zu ziehen.

Ich habe solche sogenannten Gottesdienste erlebt und bin währenddessen aus dem Staunen nicht herausgekommen. Wie bei Auktionen kann man dort sein Heil erkaufen. Die Prediger sind richtige Einheizer, was sich dann so anhören kann: »Dieser Mann hat soeben 1000 Dollar gespendet. Und wie viel spenden Sie?« Die Spender werden der Gemeinde namentlich als leuchtendes Beispiel vorgestellt und ernten Dank und Ehre. Meine Mutter wollte da natürlich nicht zurückstehen. Diese Entwicklung beobachtete ich mit Sorge.

Dann, im Jahr 2006, machte ich eine schlimme Entdeckung: Ohne mich darüber zu informieren, hatte meine Mutter irgendwann aufgehört, die Schulgebühren zu bezahlen. Ich erfuhr, dass sie das Geld anderweitig verwendet hatte – wahrscheinlich für ihre falschen Prediger. Bei der Schule war ich daher inzwischen im Rückstand und den Kindern drohte der Rausschmiss. Ich war entsetzt.

Es war nicht einfach, mit meiner Mutter über diese Dinge zu reden. Sprach ich sie auf das Schulgeld an, sagte sie zum Beispiel: »Ich war in Bukom und die Eltern von diesen und jenen Kindern haben mich nicht gegrüßt. Also zahle ich für die auch kein Schulgeld mehr.«

Ich versuchte ihr zu erklären, dass es mir nicht um die Eltern gehe und auch nicht darum, wer sie ihrer Meinung nach mit wie viel oder wie wenig Respekt behandle, sondern dass ich den Kindern mit dem hart erarbeiteten Geld den Schulbesuch ermöglichen wolle. Aber meine Mutter hatte ihre ganz eigene Sicht auf die Dinge und fand es nur natürlich, dass sie selbst über das von mir verdiente Geld entschied.

Sie hatte sich mittlerweile mit der Schuldirektorin angefreundet und überbrachte mir einen Vorschlag zur Lösung des Problems. Sollte ich der Schule einen Bus kaufen, würde sie mir die Gebühren erlassen. Ich rechnete aus, dass ich damit sogar ein bisschen Geld sparen könnte, willigte ein und arbeitete hart, um das Geld zusammenzubekommen. Aber ich verdiente bei Weitem nicht genug, um einen Bus kaufen zu können. Daher löste ich einen persönlichen Sparvertrag auf, den ich seit ein paar Jahren laufen hatte und der eigentlich für meine Altersversorgung gedacht war. Endlich hatte ich das Geld für den Bus zusammen, den ich kaufte und nach Ghana verschiffen ließ. Meiner Mutter schärfte ich ein, dass sie sich um die Abholung im Hafen von Accra kümmern müsste. Aber das hat sie nicht getan. Der Bus stand so lange im Hafen herum, bis ihn die Regierung beschlagnahmte.

Ich war grenzenlos enttäuscht und wütend zugleich. Nun waren all meine Ersparnisse dahin, die unbezahlten Schulgebühren jedoch waren geblieben. Meine Mutter spürte keinerlei Unrechtsbewusstsein. Ich verstand das einfach nicht, sie war doch immer eine so kluge Geschäftsfrau gewesen. Erst später sah ich ein, dass sie schlichtweg nicht hatte begreifen können, was ich für diese armen Kinder tat, deren Eltern es noch nicht einmal für nötig hielten, vor meiner Mutter auf die Knie zu fallen, wenn sie sich in Bukom zeigte. Vielleicht ist auch alter, uneingestandener Neid im Spiel gewesen, denn immerhin hatte ihr die eigene Tante den Schulbesuch damals nicht finanziert.

Unaufhörlich versuchte meine Mutter, mich davon zu überzeugen, dass ich mein Geld sparen und für mich verwenden sollte. Wie meine Schwester sollte ich mir ein prächtiges Haus bauen und nicht meinen ganzen Besitz in diese Bukom-Kinder investieren.

Hier prallten zwei grundsätzlich verschiedene Lebenseinstellungen aufeinander und tun dies noch immer. Meine Mutter lebt die afrikanische Lebensweise, der zufolge jeder zuerst für sich und seine Familie sorgt, aber niemals für völlig Fremde. Sie will einfach nicht begreifen, dass ich das anders sehe. Schon als Kind hatte ich empfunden, dass diese Bukom-Kinder meine eigentliche Familie sind – daran hat sich bis heute nichts geändert. Im Gegensatz zu meiner Mutter, die ihre Bukom-Wurzeln gerne überspielt, stehe ich zu meiner Zeit im Armenviertel und vielleicht ist es das Erbe meiner Großmutter, das ich auf diese Weise fortführe. Denn irgendwie sind diese Kinder im Haus meiner Mutter auch mit uns verwandt gewesen.

Eines Tages hatte ich kapitulieren müssen. Nach dem Verlust des Busses war ich nicht mehr in der Lage gewesen, die Sache zu retten. Es geschah das, was ich auf alle Fälle hatte vermeiden wollen: Die Kinder mussten die Schule verlassen und zurück zu ihren Familien gehen.

Ich könnte heute noch weinen, wenn ich daran denke. Es war einfach zu viel für mich geworden, ich hatte das Ganze nicht mehr stemmen können. Um die Schulden in der Schule zu bezahlen, musste ich sogar einen Kredit aufnehmen und mühselig wieder abstottern. Mir blutet nach wie vor das Herz, wenn ich an diese Kinder denke, und ich hoffe inständig, dass ihr Aufenthalt in der Schule nicht ganz umsonst gewesen ist.

Bei einem Besuch in Bukom habe ich neulich eines dieser Mädchen getroffen. Sie hat inzwischen ein Baby, einen süßen kleinen Jungen. Hätte meine Mutter das Projekt nicht ruiniert, wäre das sicherlich nicht so früh geschehen. Aber ich werde dieser jungen Frau und ihrem Sohn auch weiterhin helfen, ihr eine Ausbildung ermöglichen, je nach ihren Wünschen als Friseurin oder Schneiderin. Und wenn sie will, wird ihr Junge in ein paar Jahren im Kinderhaus von *African Angel* aufgenommen werden. Ich gebe nicht auf – auch harte Rückschläge können mich nicht von meinem Ziel abbringen.

DER DURCHBRUCH

Nachdem mein Pastor die erste Patenschaft übernommen hatte, erschien in der Rheinischen Post ein kleiner Artikel über *African Angel*, der uns den zweiten Paten bescherte. Ein ehrenamtlicher Helfer erstellte uns kostenlos eine Website und übernahm die dritte Patenschaft. Und dabei blieb es dann auch für eine lange Zeit. Wir kamen einfach nicht vorwärts.

Bald hatte ich das Problem erkannt: Auf unserer Homepage und in unserem Informationsmaterial hatten wir als Kontaktmöglichkeit meine private Telefonnummer angegeben. Aber außer für ein paar Stunden Schlaf in der Nacht war ich nie zuhause anzutreffen, und viele Leute sprechen nicht gern auf einen Anrufbeantworter. Ich war mir sicher, dass an *African Angel* Interessierte keine Chance hatten, uns zu erreichen. Während ich vor den Toiletten saß und Geld sammelte, lag die Verwaltung des Vereins im Argen.

»Wir brauchen ein Büro«, sagte ich bei der nächsten Mitgliederversammlung.

Harriet spinnt mal wieder, war die einhellige Meinung. Ein Mitglied formulierte es besonders deutlich: »Du kannst noch nicht mal Kinder unterstützen und jetzt willst du dich für ein Büro verschulden?«

Ich ließ mich nicht beirren und sah mir immer wieder Büros an. Einmal hatte ich schon fast einen passenden Raum gefunden, als mir vermutlich jemand aus den eigenen Reihen einen Strich durch die Rechnung machte, indem er beim Vermieter anrief und sagte: »Das Mädchen kann das nicht bezahlen.«

Jeder Verein erreicht in seiner Geschichte sicherlich mindestens einmal den Punkt, an dem alle Beteiligten das Gefühl haben, dass nichts mehr geht. Damals waren wir an einem solchen Punkt angelangt. Wir traten auf der Stelle, der Schwung war raus. Keines der deutschen Vereinsmitglieder hatte Lust, mit mir nach Ghana zu fliegen und mit eigenen Augen zu sehen, was dort mithilfe der Spendengelder entstanden war und weiterhin entstand. Es ist schon etwas anderes, sich aus sicherer Entfernung für ein afrikanisches Projekt zu engagieren, als sich unmittelbar und persönlich auf diese unbekannte Welt einzulassen. Die anfängliche Begeisterung für meine Person und *African Angel* schien abgekühlt zu sein. Für mich war besonders bitter, dass ausgerechnet der Mitstreiter, der mir damals die Idee mit der Vereinsgründung nahegelegt hatte, nicht mehr an mich glaubte. Wenn der schon aufgab, wie sollte ich dann mit dem Verein jemals Erfolg haben?

Und dann geschah doch wieder etwas, das dem Projekt neuen Schwung verlieh. Wolfgang, ein Stammkunde des »Einhorn« und »Les Halles«, sagte auf einmal, er wolle mit mir nach Ghana fliegen. Das konnte ich zunächst gar nicht glauben.

»Buche zwei Flüge! Die Kosten für dein Ticket übernehme ich.«

Diese Reise wurde für die Entwicklung von *African Angel* zu einem wichtigen Meilenstein. Wie Wolfgang erging es allen, die nach ihm den Mut besessen haben, das Kinderhaus von *African Angel* in Accra zu besuchen. Er war hingerissen von den Kindern, von ihrer Freude und Unbeschwertheit, ihrer Wissbegierde und dem Charme, der afrikanischen Kindern seit jeher eigen ist – vorausgesetzt, sie sind glücklich. Wolfgang engagierte sich, arbeitete mit, machte sich nützlich und spielte mit den Kindern. Schließlich sagte er: »Harriet, ich kann nicht mehr. Ich bin fix und fertig. Jetzt machen wir mal eine Woche Urlaub.«

Ich lachte. Das Klima in Accra machte ihm zu schaffen, das konnte ich sehen. In dieser Stadt kann es bei hoher Luftfeuchtigkeit sehr heiß werden, sodass nicht nur den Besuchern aus Europa von morgens bis abends der Schweiß über die Haut rinnt. Im Gegensatz zu Wolfgang war ich daran gewöhnt.

»Urlaub?«, fragte ich. »Den kann ich mir nicht leisten.«

Doch Wolfgang bestand darauf, mich einzuladen. Er interessierte sich für meine Familiengeschichte und machte den Vorschlag, gemeinsam in die alte Heimat meines Vaters, ins Ashanti-Land, zu reisen.

»Dort bin ich seit meiner Kindheit nicht mehr gewesen«, meinte ich nachdenklich.

»Dann wird es Zeit, dass du dich dort wieder blicken lässt.« Wir fuhren nach Agogo-Hwidiem und es wurde eine wunderbare Woche. Meine Familie nahm uns freundlich auf und ich merkte bei dieser Gelegenheit, wie wenig ich von diesem Teil der Familie wusste. Meine Mutter hatte den Kontakt zu ihr immer subtil untergraben und als Kinder hatten wir ihre Voreingenommenheit übernommen. Jetzt sah ich, wie viel mir dadurch entgangen war.

Ich bin Wolfgang nach wie vor sehr dankbar dafür, dass er damals mit mir nach Ghana geflogen ist und mir diese Erfahrungen ermöglicht hat. Wenn ich nach Accra reise, dann werde ich vom ersten bis zum letzten Tag vollständig von *African Angel* vereinnahmt, sodass für Ausflüge oder Urlaubsreisen keine Zeit bleibt. Im Grunde kenne ich gar nicht viel von meinem Land und es sieht nicht so aus, als sollte sich dies in naher Zukunft ändern. Die Arbeit für die Kinder ist wichtiger.

Zurück in Deutschland, wollten alle unbedingt wissen, was Wolfgang erlebt hatte. Er zeigte ihnen viele Fotos und beschrieb seine Erlebnisse in den schillerndsten Farben. Ich erkannte, wie wichtig es war, dass nicht immer nur ich, sondern auch einmal ein anderer, ein Deutscher, von dem Projekt berichtete. Selbst wenn er dasselbe erzählte, machte es doch einen anderen Eindruck.

Auf diese Weise konnte ich das Vertrauen der Vorstandsmitglieder zurückgewinnen, die nun eher bereit waren, meine in ihren Augen riskanten Unternehmungen zu unterstützen. Ich verstehe und schätze, dass viele meiner Mitstreiter auf Sicherheit bedacht sind und jeden Schritt sorgfältig geplant und abgewogen wissen wollen. Wenn man allerdings ausschließlich so verfährt, kann es meiner Meinung nach keinen Fortschritt geben. Wer die Zustände in Bukom gesehen hat, der versteht, warum ich es eilig habe.

Aufgrund von Wolfgangs Berichten stieß ich mit meiner Bitte nach einem Büroraum innerhalb des Vereins auf offenere Ohren. In dieser Phase kam es zur Trennung von alten Mitstreitern, die sich inzwischen zu weit von der Idee entfernt hatten. Ich bedauerte diese Entwicklung, doch offenbar gehört auch dies zum natürlichen Lauf der Dinge. Mitunter stellt man erst nach einer gemeinsam beschrittenen Wegstrecke fest, dass die Visionen doch nicht dieselben sind. Natürlich ist meine Motivation für *African Angel* eine ganz andere als die meiner deutschen Mitarbeiter, denn ich stamme aus Afrika, während die meisten Deutschen nie dort gewesen sind. Auf sie übt dieser Kontinent eine Faszination aus, die sie schwer beschreiben können.

Inzwischen hatte ich die Idee, eine Bürogemeinschaft zu gründen, wovon ich allen Leuten erzählte, die mir über den Weg liefen. Schließlich war ich erfolgreich: Über fünf Ecken hatte ich Gundi kennengelernt, die mit einem Mann aus Gambia befreundet ist. Gundi und Astmann konnten in ihrem Büro für Online-Marketing einen Raum entbehren, den sie uns günstig untervermieteten. Gundi ist heute sogar Vorstandsmitglied bei *African Angel*.

Wir hatten endlich ein Büro. Jetzt brauchte ich nur noch jemanden, der ehrenamtlich bereit war, bestimmte Bürozeiten zu übernehmen, denn ich war ja weiterhin tagsüber auf der Messe und abends im »Einhorn« oder im »Les Halles« beschäftigt, um Geld für die Kinder zu verdienen. Dieser Jemand musste zudem zuverlässig und in der Lage sein, am Telefon kompetent Auskunft zu erteilen. Alle Anläufe, eine geeignete Person zu finden, schlugen fehl. Wer kann es sich schon leisten, seine Zeit kostenlos einem Verein zur Verfügung zu stellen?

Ich ließ schließlich eine Anzeige schalten, auf die sich ein gewisser Peter meldete. Als er Details von unserem Projekt gehört hatte, sagte er: »Davon muss die ganze Welt erfahren.«

Er meinte es ernst. Es erwies sich als Glücksfall für uns, dass Peter nicht nur das Büro hervorragend verwalten kann, sondern auch ausgezeichnete Kontakte zur Presse hat. Er erreichte, dass die Neue Rhein Zeitung einen großen Artikel über *African Angel* brachte. Die Journalistin, die ihn geschrieben hatte, war eine Praktikantin und der Zufall wollte es, dass ihre beste Freundin gerade ein Praktikum beim WDR absolvierte und während einer Redaktionssitzung vorschlug, einen Fernsehbericht über uns zu drehen. Nach dem Artikel in der Neuen Rhein Zeitung haben auch andere Zeitungen über uns geschrieben und jeder Beitrag hat uns Spenden und neue Patenschaften gebracht. Es zeigte sich, wie wichtig es war, dass das Büro immer besetzt ist und die Anrufer in Peter einen kompetenten Gesprächspartner finden.

Die Sache war auf einmal in Fahrt geraten. Der WDR interessierte sich tatsächlich für meine Arbeit und drehte zunächst einen kurzen Film. Und dann erreichte mich aus Ghana plötzlich die Nachricht, dass der Eigentümer des Kinderhauses die kleinen Bewohner auf die Straße setzen wollte. Er hatte erfahren, dass ich aus seinem Haus ein Kinderheim gemacht hatte, und fühlte sich betrogen.

Ich bat um Urlaub und flog von einem Tag auf den anderen nach Accra, wo ich vom Flughafen direkt ins Büro des Eigentümers ging und vor ihm auf die Knie fiel:

»Ich weiß, ich habe damals nicht die Wahrheit gesagt. Und das war nicht gut. Aber hätten Sie mir das Haus vermietet, wenn Sie meine eigentlichen Pläne erfahren hätten?«

Er überlegte einen Moment.

»Nein«, sagte er, »bestimmt nicht. Und wenn ich gewusst

hätte, dass die Eltern dieser Kinder in den USA leben, dann hätte ich auf alle Fälle mehr Miete verlangt.«

So kam heraus, dass ich von einer eigenen Mitarbeiterin, der ich während meines letzten Besuchs in Accra aufgrund von Unstimmigkeiten gekündigt hatte, angeschwärzt worden war. Sie hatte Lügen verbreitet, unter anderem auch die, dass die Kinder in Amerika reiche Eltern hätten.

Ich schilderte dem Vermieter, wie es wirklich war. Er kannte Bukom und wusste, dass Kinder dort keine Chance haben. Als ich ihn inständig bat, diese Kinder nicht auf die Straße zu setzen, ließ er sich erweichen. Natürlich nicht, ohne die Miete gewaltig zu erhöhen. Doch in diesen sauren Apfel musste ich beißen.

Das Schlimmste war abgewendet, aber ich ahnte, dass es nur eine Frage der Zeit war, bis wir uns eine andere Unterkunft suchen müssten. Der Vermieter hatte auf einmal allerhand auszusetzen und verbot den Kindern, die von ihm fest eingebauten Möbel zu benutzen, sie würden sie kaputt machen. Alle paar Monate erhöhte er die Miete. Um einen Vorwand war er dabei nie verlegen. Er hatte begriffen, dass ich von ihm abhängig war.

Mitte 2007 erklärte er mir, dass er den Mietvertrag nicht mehr wie sonst üblich um ein Jahr, sondern nur noch um sechs Monate verlängern würde. Sein Sohn heiratete demnächst und bräuchte das Haus. Ich musste also dringend etwas Neues finden.

Mir war klar, dass wir als Mieter immer schlechte Karten haben würden. Es wäre daher das Beste, ein Haus zu kaufen.

Wieder machten meine Mitstreiter große Augen. Kaufen? Ein Haus? Von welchem Geld denn?

Ich kann mich noch genau daran erinnern, wie entsetzt Peter war, als er erfahren hatte, dass wir binnen sechs Monaten das Haus räumen mussten.

»Um Gottes willen, was machen wir denn jetzt?«

Ich fing an zu lachen.

»Harriet, das ist ein ernstes Problem. Wie kannst du da bloß lachen?«

Heute kennt er den Grund: Ich lachte, weil ich einen Gott habe, an den ich glaube. Ich war mir sicher, dass Gott uns helfen würde, einen Weg zu finden.

Seit Sommer 2007 hatten wir also dieses Problem, im September wurde der Film des WDR ausgestrahlt. Die Resonanz darauf war unglaublich. Und mit einem Mal erhielten wir viele Spenden.

Als wir 38000 Euro auf dem Konto hatten, sagte ich dem Vorstand:

»So, und mit diesem Geld kaufe ich jetzt in Accra ein Haus.«

Wieder glaubten sie nicht daran.

»Wie willst du mit 38000 Euro ein Haus kaufen? Dafür brauchen wir doch mindestens die dreifache Summe.«

»Die haben wir aber nicht«, sagte ich, »und darum mache ich es mit diesem Geld.«

Ich flog also wieder nach Accra und vereinbarte Termine mit Maklern sowie mit unserer Bank, bei der wir ein Konto eingerichtet hatten. Zusammen mit Helena besichtigte ich Häuser. Schnell war klar: unter 150000 Dollar war nichts zu bekommen.

Auf der Bank verhandelte ich um einen Kredit. Die Konditionen waren schlecht. Ich erkundigte mich bei anderen Banken, handelte, feilschte. Schließlich näherten wir uns an, aber sie verlangten als Sicherheit unglaublich viele Papiere.

Danach wieder Häuser, Häuser, Häuser. Wir sahen schöne, wir sahen schäbige und wir fanden eines, das Helena ganz und gar nicht gefiel. Es war seit vielen Jahren unbewohnt und total heruntergekommen. Der Müll lag meterhoch im Hof. Alles war mit Dornenhecken überwuchert. Aber es gab zwei Gebäude auf dem Grundstück, was meinen Vorstellungen sehr entgegenkam. Immer hatte ich mir gewünscht, die Mädchen und Jungs in getrennten Häusern unterbringen zu können. Helena aber rümpfte die Nase.

Wir sahen uns weitere Häuser an. Darunter waren einige, die meiner Freundin ausnehmend gut gefielen. Die Renovierungsarbeiten wären bei diesen Objekten zwar überschaubar gewesen, für unsere Zwecke waren sie jedoch ungeeignet.

»Helena, wir ziehen nicht mit einer Familie dort ein. Wir haben 26 Kinder und ich möchte, dass es bald doppelt so viele sind.«

Helena riss die Augen auf. Ich bat sie, mit mir noch einmal zu dem verwahrlosten Anwesen zu fahren. Ich konnte fühlen, wie es in ihr kochte.

Die beiden Häuser brauchten wirklich eine gründliche Sanierung. Von den Stromleitungen bis zur Wasserversorgung – alles war kaputt. Auf dem Grundstück stank es entsetzlich. Wir traten ständig in Glasscherben.

»Das ist doch nicht dein Ernst«, meinte Helena.

Doch, es war mein Ernst. Das Grundstück war dreimal so groß wie das der anderen Objekte, die wir besichtigt hatten. Statt einem Gebäude standen hier zwei und es gab jede Menge Platz, um anzubauen. So heruntergekommen das Grundstück auch war, es lag in einer guten Gegend.

»Wenn du das wirklich tust«, kündigte Helena beleidigt an, »dann lasse ich mich nicht mehr mit dir blicken.«

»Aber Helena«, versuchte ich sie zu besänftigen, »du kannst mich doch jetzt nicht im Stich lassen.«

Sie ließ sich nicht erweichen.

Ungeachtet davon begann ich, mit dem Besitzer zu feilschen. Er wollte 150000 amerikanische Dollar, nach vielen und zähen Diskussionen hatte ich ihn auf 100000 Dollar heruntergehandelt. Das Problem aber war: Ich besaß keine 100000 Dollar, sondern nach den neuesten Spendeneingängen gerade mal 75000 Dollar. Da der Besitzer den Kaufpreis bereits so stark reduziert hatte, wollte er das Geld auf einmal haben. Wir vereinbarten einen Termin beim Notar, bis dahin sollte ich die Summe überweisen.

Ich überwies aber nur 70 000 Dollar. Die restlichen 5000 Dollar wollte ich für die Renovierung zurückbehalten und mehr hatte ich einfach nicht. Als der Hausbesitzer das merkte, flippte er aus. Ich aber sagte: »Beruhigen Sie sich. Sie werden Ihr Geld natürlich bekommen. Aber zuerst ziehe ich in das Haus ein und schau nach, ob auch alles so ist, wie Sie es behaupten.«

Ich habe mich selbst gewundert, dass ich damit durchkam.

»Ich will jetzt die Schlüssel«, fuhr ich selbstbewusst fort. »Die restlichen 30 000 Dollar bekommen Sie nächste Woche.«

»Ganz sicher?«

»Ja, ganz sicher.«

In Wahrheit hatten wir kein Geld mehr. Wir zogen ein, begannen mit der mühevollen Säuberung des Grundstücks und mit dem Umbau. Die Tage vergingen und ich konnte vor lauter Sorgen nicht schlafen. Ich betete ununterbrochen: »Herr, lass ein Wunder geschehen. Ich brauche 30 000 Dollar, und zwar schnell.« Als die Woche fast um war, rief ich Peter in Deutschland an.

»Wie sieht es auf unserem Konto aus?«, fragte ich mit zitternder Stimme.

»Harriet«, sagte Peter fröhlich, »es sind ein paar dicke Spenden eingegangen. Stell dir vor, wir haben 30 000 Euro auf dem Konto. Dieser Film vom WDR wirkt echte Wunder.«

Gott ist es, der dieses Wunder bewirkt hat, dachte ich, und sandte ein stummes Dankesgebet. Am letzten Tag der Frist überwies Peter die fälligen 30 000 Dollar.

Wieder einmal war es im letzten Augenblick gut gegangen. Ich konnte also auch unserer erstaunten Hausbank mitteilen, dass wir den Kredit nicht benötigten.

Heute sagt Helena: »Ich habe damals die Gegenwart gesehen. Harriet sah die Zukunft.« Sie sah die viele Arbeit. Ich sah das Potenzial. Und wir hatten beide recht. Es ist eine echte Plackerei gewesen. Allein für die Säuberung des Grundstücks haben wir Wochen gebraucht. Die Zeit rannte uns davon: Bis Weihnachten musste das Haus bezugsbereit sein.

Gegen Ende schlief ich auf der Baustelle und die Bauarbeiter trugen meine Matratze täglich an eine andere Stelle, wo sie gerade nicht im Weg war.

Die Mühe lohnte sich. Als das Grundstück gesäubert und die Elektrik in beiden Gebäuden erneuert war, schaute der ehemalige Hausbesitzer vorbei. Er staunte nicht schlecht über die Veränderungen.

»Sie haben mich über den Tisch gezogen«, sagte er schließlich. »Das hier ist viel mehr wert, als ich je verlangt habe.«

»Heute schon«, gab ich zurück. »Aber Sie dürfen nicht vergessen, wie viel wir investieren mussten. Das Grundstück stand viele Jahre lang zum Verkauf. Niemand hatte die Vision, dass es einmal so aussehen könnte. Auch Sie nicht.«

Er gab mir recht.

»Ihre Kinder müssen sich keine Sorgen machen«, sagte er zum Abschied. »Mit einer Fürsprecherin wie Ihnen sind sie fein raus.«

Wir hatten Glück. Inzwischen war auch die Auslandsredaktion des WDR auf unser Projekt aufmerksam geworden. Sie schickte ein Fernsehteam nach Ghana, um mit mir vor Ort zu drehen. Das Echo auf diesen Film war grandios. So viele Menschen interessierten sich für *African Angel*, übernahmen Patenschaften, machten Geld- und Sachspenden. Die Begeisterung war so groß, dass bald darauf ein zweiter Teil gedreht wurde, der die letzte Phase des Umbaus und den Umzug in das neue Haus dokumentierte.

Mit vereinten Kräften hatten wir es gerade so geschafft. Nachdem unser Vermieter erfahren hatte, dass wir tatsächlich ausziehen würden, und zwar in ein eigenes, noch nicht ganz bezugsfertiges Haus, erlaubte er stillschweigend, dass wir zwei

Monate länger als vereinbart blieben. Miete verlangte er dafür nicht. Anfang Februar 2008 packte ich schließlich die Kinder samt Hund, der inzwischen auch zu uns gehörte, in einen Bus und los ging es ins neue Heim. Die Kinder hatten es vorher noch nie gesehen und waren wahnsinnig gespannt. Den gesamten Weg vom alten zum neuen Haus sangen sie aus Leibeskräften. Der Bus war von Vorfreude und Gesang erfüllt. Als wir beim neuen Haus ankamen, brach ein unbeschreiblicher Jubel aus. Die Kinder purzelten aus dem Bus und nahmen das ganze Grundstück in Windeseile in Besitz.

»Müssen wir hier nie mehr ausziehen?«, fragte mich die kleine Mary.

»Nein«, sagte ich. »Es gehört *African Angel*. Es gehört uns.«

Sie konnten es kaum glauben. Plötzlich hatten sie dreimal so viel Platz zur Verfügung. Es gibt wie gesagt zwei Häuser, wobei das der Mädchen über ein großes Wohnzimmer verfügt, das auch die Jungs mitbenutzen. Zudem gibt es einen großen Hof zum Spielen, zwei Veranden, um sich in den Schatten zurückzuziehen, und hinter dem Mädchenhaus liegt ein großes Küchenareal. Denn obwohl ich eine europäische Küche mit allem Drum und Dran eingebaut habe, kochen Mama Patience und Mama Dora, die inzwischen ebenfalls zu unserem Haus gehört, am liebsten auf afrikanische Art draußen in den großen Kesseln über Holzkohle. Es ist viel zu heiß, um drinnen zu kochen, und die Kessel haben gerade die richtige Größe, um für die anwachsende Kinderschar ausreichend viele Mahlzeiten zuzubereiten. In diesem rückwärtigen Bereich, der die meiste Zeit des Tages schön im Schatten liegt, essen die Kinder auch und machen ihre Hausaufgaben.

Es gab noch eine Menge zu tun, bis das »African-Angel-Cottage«, wie ich das Anwesen getauft hatte, fertig war. Aber was heißt in diesem Zusammenhang schon fertig: Die Reparatur- und Ausbesserungsarbeiten gehen weiter. Im Hof haben wir Palmen angepflanzt, die heute noch mit Holzgerüsten vor den scharfen Pässen unserer Nachwuchsfußballer geschützt und in ein paar Jahren wunderbaren Schatten spenden werden. Eine Mauer sorgt für Sicherheit und am Eingang habe ich ein großes Metalltor anbringen lassen. Neben diesem befindet sich ein kleines Wachhaus, das Tag und Nacht besetzt ist. Ursprünglich hatte ich geplant, sowohl als Hauspersonal wie auch für den Sicherheitsdienst ausschließlich Frauen anzustellen. Doch es hat sich herausgestellt, dass in diesem Metier in Ghana keine Frauen zu bekommen sind, weshalb ich zwei zuverlässige Männer ausgewählt habe, die sich mit ihrem Dienst abwechseln.

Nachdem dies so weit geregelt war, zeigte sich, dass die gesamte Straße, die nicht geteert ist, über ein unzureichendes Abwassersystem verfügte und sich infolgedessen regelmäßig in eine stinkende Schlammpiste verwandelte. Ein unhaltbarer Zustand, dachte ich und finanzierte schließlich die Abwassersanierung der gesamten Straße. Ich ließ sie in ihrer ganzen Länge aufgraben und vernünftige Abwasserrohre verlegen. Die Nachbarn profitierten davon und mussten ihren eigenen Haushalt nur noch an die Straßenableitung anschließen. Die Nachbarschaft weiß das bis heute zu schätzen und ist uns seitdem wohlgesonnen.

Ich bin eine Respektsperson im Viertel, in dem hauptsächlich gut situierte Familien wohnen, aber auch arme Haushalte zu finden sind. Einen aus einem solchen Haus stammenden Jungen haben wir in unser Programm integriert. Er ist groß, höflich und hat ein ansteckend strahlendes Lächeln, konnte aber nicht einmal Englisch.

»Warum nicht?«, fragte ich.

Er blickte beschämt. »Weil ich nicht zur Schule gehen kann.«

»Was?! So ein hübscher und kluger junger Mann geht nicht zur Schule?«

Ich sprach mit seinen Eltern, die sich das Schulgeld tatsächlich nicht leisten können. Da habe ich mit ihnen vereinbart, dass der Junge zwar zuhause wohnen bleibt, aber gemeinsam mit »meinen« Kindern zur Schule geht. So wie er bin ich sehr stolz auf seine Fortschritte. Alle Kinder strengen sich in der Schule an und er ganz besonders.

Über die Kinder von *African Angel* gäbe es so viel zu erzählen. Von Matilda, die ihr Gegenüber den ganzen Tag mit Fragen löchern kann und nie genug Antworten bekommt. Von Veronica, die anfangs als lernbehindert galt und inzwischen zu den Besten ihrer Klasse gehört. Von Deborah, die Schauspielerin werden will, und von Priscilla, die – wie ich einst – einmal als Pilotin Flugzeuge durch die ganze Welt fliegen möchte. Der 15-jährige Nee Ayesu spart sein bisschen Taschengeld, um es seiner Mutter zu geben, die außer seinen Geschwistern noch seine alte und kranke Oma versorgen muss. Und von James, der fließend Französisch spricht und ein wahres Mathematikgenie ist. Die älteste unserer drei Marys ist die Klügste von allen Kindern. Einmal hat sie einem Besucher aus Deutschland versprochen, bei seinem nächsten Besuch fließend Deutsch zu sprechen, und übt nun jeden Tag mit Kassetten. So hat jedes Kind seine eigene Geschichte.

Viele wundern sich, dass »meine« Kinder trotz ihres anfänglichen Rückstands so gut in der Schule sind. Ich habe da meine eigene Theorie: Sind die Menschen in Bukom auch bitterarm, so ernähren sie sich doch von frühester Kindheit an überwiegend von Fisch und anderen Meerestieren. Das in ihnen enthaltene Eiweiß und die ungesättigten Fettsäuren sorgen für einen optimalen Aufbau des Gehirns.

Ich habe herausgefunden, dass eine Menge berühmter und erfolgreicher Ghanaer, die in Politik, Wirtschaft und Forschung eine führende Rolle spielen, ihre Wurzeln in Bukom und den Absprung aus dem Slum geschafft haben. Gelingt es also jemandem, Bukom und dem Negativkreislauf zu entkommen, dann scheinen ihm alle Möglichkeiten offenzustehen. Mit den Kindern von *African Angel* verhält es sich da nicht anders. Ich bin sicher, dass wir in Zukunft noch von ihnen hören werden.

Ich werde immer wieder gefragt, warum ich die ganze Arbeit überhaupt mache. Weshalb ich nicht auf meine Mutter höre, mir in Accra ein schönes Haus baue und die Tage gemütlich angehe. Die Antwort ist: Diese Kinder haben mir das Leben gerettet. Diejenigen, die immer nur für sich sorgen, wissen nicht, wie reich und glücklich es macht, anderen zu helfen. Es geht mir nicht darum, mich auf einen Sockel zu stellen und zu sagen: »Hey, seht mal, wie toll ich bin.« Zumal das nicht den Tatsachen entsprechen würde. In Wirklichkeit bekomme ich von den Kindern nämlich ein Vielfaches von dem zurück, was ich ihnen gebe.

Die wichtigsten Dinge im Leben sind mit Geld nicht aufzuwiegen. Wir bringen nichts mit, wenn wir in diese Welt kommen, und nehmen nichts mit, wenn wir gehen. Wenn ich sehe, dass die Kinder unbeschwert lachen können, richtig fröhlich sind und miteinander in Liebe umgehen, ist das für mich die schönste Belohnung, dann haben sich der Stress, die harte Arbeit und die vielen bitteren Rückschläge ausgezahlt.

Wenn die Bukom-Kinder lernen, was Zufriedenheit ist und dass sie nicht mit diesen Ungerechtigkeiten zwischen Arm und Reich leben müssen, werden sie aktiv in ihre Welt eingreifen können. Ich demonstriere ihnen täglich, dass nichts unmöglich ist.

Denn es geht ständig weiter. Beim Umbau der alten Häuser habe ich meine ersten Erfahrungen als Bauherrin gemacht. Diese kommen mir jetzt zugute und ich lerne täglich Neues dazu. Ich habe große Pläne – Pläne, die meinen Vereinsvorstand mitunter zum Schwitzen bringen.

In den beiden Häusern des »African-Angel-Cottage« haben wir mehr Platz als in dem zuvor gemieteten Kinderhaus, doch auch dieser reicht schon lange nicht mehr aus. Inzwischen sind auch diejenigen von dem Projekt überzeugt, die mich anfangs so geschmäht und verdächtigt hatten. Heute wollen fast alle Eltern, dass ich ihre Kinder aufnehme. Wir haben eine Warteliste, auf der 600 Namen stehen.

Im Moment ist es unmöglich, so viele aufzunehmen. Bei jedem zurückgewiesenen Kind blutet mir das Herz. Was bringt in diesem Alter schon eine Warteliste? Kostbare Jahre der Prägung, die Zeiten, in denen ein Kind am leichtesten lernt, gehen verloren. Ich habe zu jedem Kind auf der Liste ein Foto, sodass ich mit jedem Namen auch ein Gesicht verbinden kann. Ich sehe mir die Bilder immer wieder an, was mir Kraft zum Weitermachen gibt. Inzwischen wohnen 56 Kinder bei uns und das ist bei Weitem nicht genug.

Damit mehr Kinder die Möglichkeit einer Schulbildung erhalten können, hatte *African Angel* 2008 beschlossen, auf dem Grundstück in Accra ein zusätzliches Haus zu errichten. Das Erdgeschoss und die beiden oberen Stockwerke stehen bereits

im Rohbau da. Im Sommer 2009 habe ich diesen wichtigen Bauabschnitt persönlich überwachen können. Mein Ziel, die Betondecke über dem zweiten Stockwerk fertigstellen zu lassen, Türen und Fenster einzubauen und im Erdgeschoss bereits das neue Büro zu beziehen, habe ich erreicht. Auch die Elektrik und die Wasserleitungen sind verlegt worden. Wie immer ist es bis zuletzt eine Zitterpartie gewesen.

Im Jahr 2011 soll das neue Haus bezugsfertig sein, das uns die Möglichkeit geben wird, weitere 100 Kinder aufzunehmen. Dann soll es um ein drittes Stockwerk erweitert werden. Für unsere Besucher werden zwei schöne Gästezimmer mit eigener Dusche und Toilette entstehen. Wer heute zu uns kommt, schläft entweder im Wohnzimmer auf dem Sofa oder muss sich in ein außerhalb liegendes Gästehaus einmieten.

Für das Erdgeschoss sind eine Bibliothek und ein großer Computerraum geplant. Bereits jetzt erhalten unsere Kinder Computerunterricht und jeden Nachmittag kommt ein Nachhilfelehrer, der mit ihnen den Stoff des Vormittags nochmals durchgeht und vertieft. Sie arbeiten mit speziellen Lernprogrammen, bei denen sie auf jede Frage eine Antwort erhalten. Wissen ist wertvoll, das sage ich ihnen immer wieder.

Das gilt auch für mich in meiner Rolle als Bauherrin. Wie viel Sack Zement brauche ich für die Zwischendecke des Neubaus? Und was kosten sie? Wie viel Meter Elektrokabel muss man pro Stockwerk einrechnen? Reichen 200 m² Fliesen oder soll ich lieber ein paar Kartons mehr nehmen? Wenn ich kleine Mengen nachkaufen muss, bezahle ich den doppelten Preis. Und so weiter und so fort.

Es fällt mir immer schwer, meinem Vorstand zu erklären, warum das bewilligte Geld mal wieder nicht gereicht hat. Aber in Afrika muss man mit vielen Unwägbarkeiten rechnen. Da ist etwa der schwankende Umrechnungskurs. Durch die Inflation, die zwar nicht mehr so horrend ist wie noch vor ein paar Jahren, kann ich vorher nie genau sagen, wie viel Geld ich für das Baumaterial ausgeben muss. Oft muss ich spontan entscheiden und handeln und auch Geld auf den Tisch legen, will ich verhindern, dass die Arbeiter am nächsten Tag nicht mehr erscheinen.

Bei den Handwerkern bin ich inzwischen berüchtigt und dafür bekannt, dass ich nichts durchgehen lasse und auch den kleinsten Pfusch sofort bemerke. Ich verlange von ihnen Qualitätsarbeit und Leistung, faule Arbeiter haben bei mir nichts verloren. Doch wider alle Vorurteile gegenüber Afrika gibt es hier durchaus eine Menge verlässlicher und gut ausgebildeter Kräfte. Ich muss ihnen nur zeigen, dass ich auch als Frau in der Lage bin, meine Interessen zu verteidigen.

Dass ich das kann, ist inzwischen hinlänglich bekannt. Es macht mir nichts aus, auf der Baustelle auch mal laut zu werden, wenn es nicht so läuft wie es soll. Aber ich lobe auch und erkenne eine gute Arbeit an. Die Männer brauchen beides. Und Gott sei Dank habe ich Freunde, die mich bestens beraten, den Fachhandwerkern zwischendurch auf die Finger sehen und kontrollieren, ob das von mir bezahlte Baumaterial auch tatsächlich für das »African-Angel-Cottage« verwendet wird. Darüber hinaus sprechen sie Empfehlungen für zuverlässige Facharbeiter aus.

Dass dies alles möglich ist, verdanke ich den treuen Mitstreitern von *African Angel* und den unzähligen Spendern. Auch den Redakteuren und Journalisten der verschiedenen Zeitungen und Sender, die dabei helfen, unser Projekt publik zu machen. Denn mit meinem Gehalt als Klofrau allein wäre ein Vorhaben wie der oben genannte Neubau unmöglich. *African Angel* kann nur wachsen, wenn viele Menschen bereit sind, einen Beitrag beizusteuern.

VIII. WAS HARRIET AM HERZEN LIEGT

ZUKUNFTSPLÄNE

Meine Ziele und Visionen für die Zukunft sehe ich klar vor mir. Ich möchte gerne 60 Prozent der Kinder aus Bukom herausholen. Diese und die nachwachsenden Generationen werden dann irgendwann in der Lage sein, die dortigen Verhältnisse zu ändern. Die Bukomer Bucht, aus der die Fischer morgens mit ihren Booten aufs Meer hinausfahren, liegt unglaublich idyllisch. Auf der einen Seite ist sie von einem steil abfallenden Felsen begrenzt, auf der anderen Seite von einem Leuchtturm. Warum sollte man hier nicht auch durch Tourismus Geld verdienen und aus dem Armenhaus Accras eine wahre Perle machen? Das ist nur eine von vielen Ideen, die mir durch den Kopf gehen. Bukom braucht Menschen mit Visionen, die sich nicht mit den jetzigen Zuständen abfinden.

Rund 40 Jahre ist es nun her, dass ich als Kind diese Armut erlebt habe, und bis heute hat sich an den Lebensbedingungen in Bukom nichts geändert. Es hat in diesem Viertel keinerlei Entwicklung gegeben und das liegt daran, dass die Bewohner niemals die Chance hatten, über den Tellerrand hinauszublicken. Weil sie nie die Gelegenheit erhielten, eine Schule zu besuchen und sich weiterzubilden, wissen sie auch nicht, auf welche natürlichen Ressourcen sie zurückgreifen können. Ich hoffe, dass »meine« Kinder Visionen entwickeln werden; *African Angel* wird ihnen das nötige Rüstzeug mitgeben. Was sie dann damit machen, bleibt ihnen selbst überlassen.

Ist der Neubau einmal fertiggestellt, möchte ich gerne ein zweites Grundstück mit Haus erwerben, um die Mädchen und Jungs räumlich noch mehr voneinander zu trennen. Da es mein Wunsch ist, die Zahl der Kinder bedeutend zu erhöhen, bietet sich eine solche Lösung geradezu an.

Eine weitere wichtige Vision ist die Gründung einer African-Angel-Universität. Schulabgänger mit guten Noten, aber schmalem Geldbeutel haben es in Ghana schwer, einen Studienplatz zu finden. Die Universitäten kosten eine Menge Geld, besonders die Abschlussexamina sind sehr teuer. Es kommt häufig vor, dass junge Menschen ihr Studium gerade noch irgendwie finanzieren, glänzende Noten haben, aber das Geld für die Abschlussprüfungen nicht aufbringen können. Dann ist alles umsonst gewesen.

Dieses Problem treibt viele Studentinnen in die Prostitution und Studenten auf die schiefe Bahn. Um das in Zukunft zu verhindern, muss eine weitsichtige Strategie entwickelt werden, die von Bestand ist.

Ich möchte daher eine Universität gründen, und zwar nicht nur für die Kinder von *African Angel*, sondern für alle begabten Abiturienten, die sich eine teure Hochschule nicht leisten können. Als Vorbild dienen mir hier die Schulen von SOS-Kinderdorf, die in Accra einen so guten Ruf genießen, dass auch reiche Eltern ihre Kinder unbedingt dorthin schicken wollen. Sie müssen hohe Schulgebühren bezahlen, die wiederum die Ausbildung von schlechter gestellten Schülern ermöglichen.

Diesem Modell soll auch die African-Angel-Universität folgen. Ich hoffe, in Europa Professoren dazu bewegen zu können, für einen bestimmten Zeitraum unentgeltlich an meiner Universität zu unterrichten. Auf diese Weise wird sie einen besonderen Ruf erlangen. Studenten reicher Eltern werden dann bereit sein, entsprechende Gebühren zu entrichten, während diejenigen, die sich ein Studium normalerweise nicht leisten könnten, Freiplätze erhalten.

Das ist natürlich heute noch Zukunftsmusik. Dennoch versuche ich den Vorstand zu überzeugen, dass wir uns, wenn die finanziellen Möglichkeiten es erlauben, bereits jetzt nach einem Grundstück für diese Universität umsehen sollten. Und zwar nach einem, das derzeit noch ein bisschen außerhalb liegt und darum günstig zu bekommen ist. Denn die Immobilienpreise steigen in Accra jährlich und die Stadt wächst kontinuierlich über ihre Ränder hinaus.

Ich weiß, für den Geschmack meiner Vorstandsmitglieder handle ich immer ein ganzes Stück zu schnell. Doch nur auf diese Weise lassen sich solche Großprojekte in die Tat umsetzen, und ich hoffe, dass sie das eines Tages einsehen werden. Wir müssen wie Unternehmer denken und in die Zukunft schauen, so wie ich damals in dem verwahrlosten Grundstück bereits das wunderbare Anwesen des »African-Angel-Cottage« sah und mich von dem immensen Arbeitsaufwand nicht abschrecken ließ, der zwischen dem damaligen Zustand des Objekts und meiner Vision lag.

Wir sollten daher schon jetzt an die Vision einer Universität glauben, die den Kindern von *African Angel* zugutekommen wird, die momentan auf der Warteliste stehen.

Darüber hinaus gibt es noch ein anderes Projekt, das mir am Herzen liegt und für das ich alle Einnahmen aus dem Verkauf dieses Buches verwenden werde. Im Vorstand ist einstimmig beschlossen worden, dass der Verkaufserlös für mich persönlich bestimmt ist. Doch was soll ich mit diesem Geld? Ich selbst benötige nichts. Aber ich werde mir einen Traum erfüllen, den ich habe, seit die größeren Mädchen von *African Angel* zu Teenagern herangewachsen sind.

Ich werde ein Haus bauen – genauer gesagt, eine elegante Villa. Und in dieser sollen »meine« Kinder einmal ihre Hochzeiten feiern können. Vor allem für die Mädchen ist das von großer Bedeutung, denn in Ghana können Standesunterschiede noch immer ein persönliches Glück zerstören. Es ist Sitte, dass die Brauteltern anlässlich einer Verlobung die Familie des Bräutigams in ihr Haus einladen. Bei dieser Gelegenheit wird sehr genau geschaut, aus welchem Haus das Mädchen kommt. Die Villa soll das Hochzeitshaus von *African Angel* sein, das ich den Eltern meiner Schützlinge für solche Anlässe zur Verfügung stelle.

Denn was nützt es unseren Mädchen, wenn sie eine fundierte Schulausbildung sowie ein tolles Studium vorweisen können, eine gute Arbeitsstelle bekommen, aber beim persönlichen Liebesglück doch wieder von ihrer Herkunft eingeholt werden? Was nützt ihnen all das, wenn eine Ehe mit einem jungen Mann aus der besseren Gesellschaft trotzdem unmöglich ist? So groß die Liebe zwischen zwei jungen Menschen auch sein mag, erfahren die Eltern, dass die Braut aus Bukom stammt, dann zerstören sie eine solche Beziehung. Darum möchte ich ein repräsentatives Haus bauen, das alle Kinder von *African Angel* als das Ihrige betrachten können.

Deutschen Lesern mag dieser Brauch altmodisch erscheinen, doch in Ghana kommt man an Gepflogenheiten wie diesen nicht vorbei. Mir ist am Glück »meiner« Kinder sehr viel gelegen, darum muss ich an alle Aspekte denken. Die Ausbildung ist mit Sicherheit der wichtigste Stützpfeiler, aber sie ist nicht alles. Auch das persönliche Glück muss auf einer guten Basis wachsen können.

Außerdem wird die Enge und Betriebsamkeit des »African-Angel-Cottage« für die Größeren, sobald sie sich dem Erwachsenenalter nähern, unerträglich werden. Auch dann wird die Villa für sie ein Rückzugsort sein, wo sie in Ruhe lernen und ihre Freunde einladen können, ohne sich schämen zu müssen. Zum Glück verfüge ich noch über ein kleines Familiengrundstück, auf dem ich diesen Traum verwirklichen kann.

Und schließlich gibt es noch etwas, das mich sehr bewegt und umtreibt: das Schicksal vieler afrikanischer Frauen in Deutschland. Denn ich habe feststellen müssen, dass mein Schicksal bei Weitem kein Einzelfall ist. Es gibt so viele Frauen, die voller Hoffnungen und Illusionen mit ihren Männern nach Europa kommen und ihnen dann, herausgerissen aus ihrem schützenden Familienverbund, völlig ausgeliefert sind. Selbst ich, die ich ziemlich selbstbewusst, resolut und durchaus in der Lage bin, mein Leben selbst in die Hand zu nehmen, brauchte damals so lange, um mich aus meiner albtraumhaften Ehe zu befreien.

Darum plane ich, möglichst bald einen zweiten Verein namens *African Diva* zu gründen. Er soll afrikanischen Frauen in Deutschland helfen, ein selbstbestimmtes Leben zu führen und sich gegen Misshandlungen und Unterdrückung durch ihre Ehemänner zu wehren. Aus eigener Erfahrung weiß ich, dass Frauen in solchen Situationen das nötige Selbstwertgefühl fehlt. Die »Diva« im Vereinsnamen soll die Frauen daher an ihre Würde erinnern. »Diva« heißt übersetzt »Göttin«, und wenn wir uns darüber bewusst werden, dass jede von uns etwas Göttliches in sich trägt, lassen wir uns nicht so schlecht behandeln.

Zudem ist es wichtig, die Frauen über ihre Rechte zu informieren. Für meinen Verein möchte ich daher Anwältinnen gewinnen, die bereit sind, sich für dieses Projekt zu engagieren. Wenn Frauen richtig beraten und notfalls vor Gericht vertreten werden, dann haben sie einen ganz anderen Stand. Auf viele Männer wird das abschreckend wirken, sodass sie sich erst gar nicht mehr so viel herausnehmen werden.

Es gibt so viel zu tun. Ich hoffe, Gott schenkt mir ein langes Leben, damit ich all diese Pläne umsetzen und ihre positive Wirkung erleben kann.

BERNARD

Spreche ich darüber, was mir am Herzen liegt, dann steht natürlich mein Sohn an oberster Stelle. Unser Verhältnis ist viele Jahre lang nicht einfach gewesen und ich weiß, dass meine Abwesenheit während seiner Jugend dafür der Grund ist. Dieser Umstand allein wäre vielleicht gar nicht so schmerzlich für ihn gewesen, hätte meine Mutter nicht immer wieder ihren Finger in diese Wunde gelegt.

Wie bereits erwähnt, ist es in Afrika üblich, Kinder bei Verwandten aufwachsen zu lassen. Ich bin noch sehr jung gewesen, als Bernard auf die Welt kam. Die Umstände seiner Geburt waren nicht besonders glücklich und ich hatte geplant, meinen Sohn zu mir zu holen, sobald ich ein geordnetes Leben führen würde.

Doch so weit hatte es nicht kommen sollen. Mein damaliger Mann verfolgte andere Pläne mit mir, in denen Bernard nicht vorkam. Ich hatte nicht für immer in Deutschland bleiben, sondern nach meinem Studium nach Accra zurückkehren wollen.

Weder aus meinem Studium noch aus meiner Rückreise ist etwas geworden. Aber ich hadere nicht mit meinem Schicksal, das ist nicht meine Art.

Ich bin fest davon überzeugt, dass Gott seine Pläne mit uns hat. Er wollte, dass ich nach Deutschland gehe. Er wollte auch, dass ich dort die Erfahrung machte, wie es ist, ganz unten zu sein. Er bürdet uns immer nur so viel auf, wie wir tragen können, und er weiß, dass ich eine Menge aushalte. Vielleicht hat er mir auch eine Lektion in Sachen Demut erteilt, ich weiß es nicht. Auf alle Fälle hatte ich als Klofrau in Deutschland letztlich viel mehr Möglichkeiten, meinen Kindheitstraum zu verwirklichen, als wenn ich in Ghana geblieben wäre – so paradox das klingen mag.

Es ist einfach, als erfolgreiche Computerfachfrau ein paar Kinder in Bukom zu finanzieren, so wie ich das schon in jungen Jahren gemacht habe. Aber als Reinigungskraft zusätzlich eine Stelle als Toilettenfrau anzunehmen und für jede 50-Cent-Münze dankbar zu sein, dafür muss man andere Kräfte mobilisieren. Und diese Kräfte strahlen auch nach außen und animieren die Menschen, ihren Beitrag zu leisten, sei er auch noch so klein. Mein Beispiel zeigt, dass man auch mit Kleinem Großes bewirken kann, und darum denke ich, dass Gott sich etwas dabei gedacht hat, als er mich diesen schwierigen Weg entlangführte.

Mein Sohn hat das lange nicht nachvollziehen können. Ich bin nicht für ihn da gewesen und andere Ziele waren wichtiger als er, ich habe ihn vernachlässigt – so hat es aus seiner Perspektive ausgesehen. Ich kann ihn verstehen. Wir haben erst wieder einen Zugang zueinander finden müssen, damit er begreifen konnte, wie alles gekommen war und wie sinnvoll meine Arbeit ist.

Bernard hat eine gute Schulausbildung erhalten und sein Abitur gemacht. Es war sein Wunsch, an der University of Ghana, der besten Universität unseres Landes, Medizin zu studieren. Bevor man dort für das eigentliche Medizinstudium zugelassen wird, muss man zwei Jahre in einer Art Vorstudium Punkte sammeln. Das erste Jahr hat er mit Bravour absolviert und die erforderliche Punktzahl erreicht. Dennoch hat er keinen Studienplatz bekommen und wird in der Ukraine studieren.

Inzwischen war meine Mutter von London nach Ghana zurückgezogen und wünschte sich, dass Bernard nicht mehr bei meinem Onkel, sondern bei ihr wohnen sollte. Sie drängte ihn geradezu und ließ ihm keine Ruhe. Mein Onkel und ich waren dagegen, weshalb es zu heftigen Auseinandersetzungen mit meiner Mutter kam. Bernard stand zwischen den Fronten, war total durcheinander und wusste nicht, was er wollte. Es fiel mir schwer, mich zurückzuhalten, aber ich wollte meinem Sohn nicht vorschreiben, wohin er gehen sollte. Ich durchschaute das Machtspiel meiner Mutter zwar und versuchte, ihm ihre Absichten klarzumachen. Bernard aber war unschlüssig.

Meine Mutter und meine Schwester umschmeichelten ihn, was seinem Ego guttat. Beide verwöhnten ihn mit teuren Geschenken, sie kauften ihm alles, was er sich nur wünschte. Das habe ich nie gemacht.

Wie viele Jugendliche verwechselte auch Bernard Geschenke mit echter Zuneigung und Liebe. Meiner Mutter und meiner Schwester kam es aber weniger darauf an, ihm eine wirkliche Hilfe zu sein, sondern sie benutzten ihn, um mich zu verletzen und aus seinem Herzen zu verdrängen. Wie subtil sie das versuchten und welchen Erfolg sie damit hatten, dafür gibt es viele Beispiele.

Meine Schwester, die weiterhin in London lebte, hatte sich in Accra ein Haus gebaut. Das zeigten sie Bernard, um anschließend zu meinem Grundstück zu fahren, das natürlich völlig verwildert dalag.

»Hier, das gehört deiner Mutter. Sag ihr, sie soll dir auch ein Haus darauf bauen, statt diese Bukom-Kinder zu unterstützen!«

Natürlich hatte Bernard kein Verständnis für mein Verhalten.

Das alles sah ich, wusste aber zugleich, dass mein Sohn seine eigenen Erfahrungen machen musste. Schließlich stellte ich ihn vor die Alternative: »Wenn du davon überzeugt bist, dass deine Tante und deine Oma es gut mit dir meinen, dann geh zu ihnen. Sie sollen sich dann um dich kümmern. Meine finanzielle Unterstützung erhältst du aber nur, wenn du bei meinem Onkel bleibst.«

Bernard entschied sich für meine Mutter und ich überließ ihn in dieser Zeit seinem Schicksal. Es zeigte sich sehr bald, dass ich richtig vermutet hatte: Es ging weder meiner Mutter noch meiner Schwester darum, Bernard auf seinem Weg ins Erwachsenenalter zu unterstützen, und prompt fiel er im zweiten Jahr des Vorstudiums durch seine Prüfungen und konnte nicht mit dem Medizinstudium beginnen. Zwei Jahre waren verloren.

Das war natürlich schlimm, aber Bernard tat so, als wäre das für ihn kein Problem. Er schrieb sich an der Uni im Fach Zoologie ein, als wäre das eine Alternative zur Medizin. Tatsächlich langweilte er sich aber zu Tode und verlor immer mehr den Spaß am Studieren. Meiner Mutter war es egal, ob er sich anstrengte oder nicht. Sie hat ihn weder motiviert noch unter Druck gesetzt. Alles schien egal und so warf Bernard sein Studium schließlich hin. Seine ehrgeizigen Pläne waren vergessen, er gab einfach auf.

Ich war entsetzt, aber wenn ich mit ihm am Telefon sprach, merkte ich, dass er noch immer nicht verstanden hatte, worum es eigentlich ging. Irgendwie, dachte er, würden sich die Dinge von allein wieder einrenken. Statt sich zu überlegen, wie es weitergehen könnte, ließ sich Bernard über ein Jahr lang einfach nur treiben und lebte in den Tag hinein. Eine Weile sagte ich zu all dem nichts. Ich hoffte, dass er früher oder später merken würde, dass etwas in seinem Leben schiefläuft.

Als ich wieder einmal in Ghana war, nahm ich Bernard mit zum »African-Angel-Cottage«. Es gefiel ihm dort. Auf einmal schien wieder Leben in ihn zu kommen. Er spielte mit den Kindern und unternahm mit ihnen Ausflüge. Ich merkte, wie froh er war, wieder etwas tun zu können, und sagte eines Tages zu ihm: »Bernard, es gäbe da ein paar Jobs zu erledigen. Hättest du Lust, zu helfen?«

Seine Augen leuchteten auf.

»Okay«, sagte er, darauf bedacht, cool zu wirken, »ich kann mir das ja mal anschauen.«

Trotz aller Coolness – er fand es toll, eine richtige Aufgabe zu haben und gebraucht zu werden. Ich wusste, dass ich es ihm nicht zu leicht machen durfte, und gab ihm nur unangenehme Jobs. Er musste richtig anpacken, schwere Sachen schleppen und auf dem Bau helfen. Das war er nicht gewöhnt. Er stöhnte, ich aber sagte ungerührt: »Na ja, du hast ja keine Ausbildung. So wie es aussieht, wirst du ein Leben lang so hart arbeiten müssen. Am besten gewöhnst du dich schnell daran. Oder du fängst nochmal neu an und lernst etwas.«

»Aber Oma sagt, es ist nicht schlimm, dass ich nicht studiere …«

»Wenn sie meint. Aber es ist dein Leben, nicht ihres! Kapierst du nicht, dass meine Mutter und meine Schwester nur mit dir spielen, weil sie eigentlich mich verletzen wollen?«

»Aber womit verletzen sie dich denn?«, fragte er erstaunt.

»Weil sie wissen, dass du mein einziger Sohn bist und mein ganzer Stolz und ich sehr traurig bin, wenn du nichts aus deinem Leben machst.«

Da war er sprachlos. Das musste er erst einmal verdauen. Eine Weile ließ er sich so weitertreiben, kam ab und zu bei den Kindern vorbei, machte ein paar Jobs und verschwand wieder. Ich sah mir das ein Jahr lang an, dann sprach ich erneut mit ihm. Er schien nur darauf gewartet zu haben.

»Bernard, was würdest du denn am liebsten machen? Es muss ja nicht Medizin sein. Vielleicht habe ich dich zu sehr beeinflusst. Ich habe mir immer gewünscht, dass du als Arzt einmal bei *African Angel* mitarbeitest. Aber es ist dein Leben. Und du kannst selbst entscheiden, was du aus deinem Leben machen willst.«

»Nein«, widersprach Bernard, »du hast mich nicht gedrängt. Ich wollte schon immer Medizin studieren.«

»Bist du dir sicher?«

»Ja, absolut.«

»Dann musst du das nochmal versuchen! Du hast nicht ewig Zeit.«

»Ich weiß.«

»Dann weißt du aber auch, dass du zurück zu meinem Onkel gehen musst, wenn das mit dem Studium klappen soll.«

»Hm, ja vielleicht …«

»Also, pass auf: Ich unterstütze dich erneut für die Zeit deines Studiums. Aber nur, wenn du wieder bei deinem Großonkel einziehst. Entscheide dich: entweder Großonkel oder Oma, entweder Studium oder nicht.«

Er entschied sich für die Zukunft und das Studium und zog wieder bei meinem Onkel ein. An der Uni hatte er sich ein zweites Mal beworben und war – ausnahmsweise – angenommen worden. Er musste allerdings von vorn anfangen und kämpft nun wieder darum, die Punkte für das eigentliche Medizinstudium zu sammeln. Ein Jahr hat er schon geschafft und für das zweite sind wir zuversichtlich. Wenn es ihm gelingt, stehen ihm noch sieben Jahre Medizinstudium bevor.

Insgesamt hat er durch die Zeit bei meiner Mutter vier Studienjahre verloren. Ein teurer Spaß, denn in Ghana kostet ein Studium viel Geld. Aber ich will nicht sagen, dass diese Zeit für ihn vollkommen vergeudet gewesen ist. Er hat seine Erfahrungen gemacht und gesehen, dass ihm ohne eine gute Ausbildung ein hartes Leben droht. Er hat auch begriffen, dass meine Mutter und meine Schwester nur mit ihm gespielt haben und dass Menschen, die viele Geschenke machen, damit nicht nur Gutes im Sinn haben.

Die Zeit nach Bernards Entscheidung, einen zweiten Anlauf fürs Medizinstudium zu nehmen, ist für uns beide keine einfache gewesen. Es hat lange gedauert, bis er endlich verstand, warum ich nicht all mein Geld in ihn, meinen einzigen Sohn, investiere, sondern damit diesen Kindern aus Bukom helfe. Aber in den letzten beiden Jahren haben mein Sohn und ich durch meine Arbeit für *African Angel* in Ghana viel mehr Zeit miteinander verbringen können als jemals zuvor. Auch wenn ich nicht im Land bin, besucht Bernard regelmäßig die Kinder und hilft ihnen vor allem bei der Arbeit am Computer. Die Kinder lieben ihn und hängen sich in Trauben an ihn, wenn er auftaucht. Voller Freude habe ich beobachtet, dass auch er die Kinder immer mehr in sein Herz geschlossen hat. Vor Kurzem erzählte er mir, dass er sich an der Uni mit Freunden über ihre Familien unterhalten habe. Einer hatte drei, ein anderer fünf Geschwister.

»Und du?«, hatten sie meinen Sohn gefragt. »Wie viele Geschwister hast du?«

Und er, der immer ganz allein gewesen war, hatte geantwortet: »56!«

Zum Muttertag 2009 hat er mir eine SMS geschickt, die ich wie einen Schatz hüte. Er schrieb:

»Heute ist der Tag, an dem man Mütter feiern soll. Auch wenn es welche gibt, die sagen, sie hätten nie eine Mutter gehabt. Aber dir, Mum, sage ich an diesem Tag, dass es keine bessere Mum geben kann als dich. Eine Mutter sowohl für einen Sohn als auch für ein ganzes Universum. Ja, das ist die Art Mum, die du bist. Ich bin stolz auf dich. Ich fühle mich geehrt, dein Sohn zu sein.«

Ich bin unendlich glücklich, dass wir diese Nähe zueinander gefunden haben. Auch ich bin stolz auf ihn. Bernard wird ein guter Arzt werden, da bin ich mir sicher. Ich würde mich freuen, wenn er sich später dazu entschließen würde, bei *African Angel* mitzuarbeiten. Doch wie auch immer seine Entscheidung ausfallen wird, ich werde sie respektieren.

Bernard und sein Freund Philip tun heute schon so viel für die Kinder von *African Angel*. Die beiden sind wie Brüder und Philip ist für mich wie ein zweiter Sohn. Wenn ich in Ghana bin, steht er mir immer zur Seite, ob ich nun irgendwohin gefahren werden muss oder sonst ein Problem zu lösen habe. Auch er liebt die Kinder von *African Angel*, was auf Gegenseitigkeit beruht.

Manchmal, wenn es zwischen Bernard und mir mal wieder schwierig ist, wird Philip zum diplomatischen Vermittler. Wir haben beide unseren Dickkopf, mein Sohn und ich. Darum hat Gott uns Philip geschickt, damit er zwischen uns Dickschädeln ausgleichen kann.

FRIEDEN MIT DER VERGANGENHEIT

Vor ein paar Jahren entschloss ich mich, Anthony nach langem gegenseitigem Stillschweigen anzurufen. Ich fand, es war an der Zeit, Frieden zu schließen und den Kontakt wieder aufzunehmen. Schließlich habe ich in Accra ein Projekt aufgebaut, das ich nicht gefährden will. Anthony schien erfreut, nach all der Zeit von mir zu hören.

»Hey, ich habe dich im Fernsehen gesehen. Mein Gott, Harriet, du bist hässlich geworden! Bist gar nicht mehr das süße kleine Mädchen, das ich einmal so geliebt habe.«

»Ja«, sagte ich schmunzelnd, »wir werden eben älter.« Immerhin ist mein Exmann inzwischen Anfang 70.

»Aber dein Projekt«, fuhr Anthony fort, »das finde ich gut. Schade, dass wir nicht mehr zusammen sind. Wenn du willst, kannst du noch heute zu mir zurückkommen.«

Das war der heikle Punkt, auf den ich bereits irgendwie gewartet hatte.

»Warum sollte ich denn zurückkommen?«

»Weil ich nie eine Frau so geliebt habe wie dich.«

Ich wusste, wie charmant er sein konnte.

»Warum hast du mich dann so schlecht behandelt, als wir in Deutschland waren?«

Darauf hatte er keine Antwort.

Ich war trotzdem froh, mit ihm gesprochen zu haben. Seither telefonieren wir hin und wieder miteinander, allerdings nie, wenn ich in Ghana bin, sondern immer von Deutschland aus. Er soll nicht wissen, wann ich mich in Accra aufhalte.

Als ich damals gemeinsam mit Wolfgang nach Accra gereist war, wäre ich Anthony beinah in die Arme gelaufen. Wolfgang stöhnte unglaublich unter der Hitze und bat mich, einen angenehmeren Ort aufzusuchen, an dem es ein bisschen kühler war.

»Da weiß ich etwas«, sagte ich und fuhr mit ihm zu einem Biergarten, in dem es sogar Bier aus dem Fass gibt. Ein alter Freund aus meiner Jugend in Adabraka begleitete uns und sagte auf einmal: »Harriet, sieh dich jetzt bloß nicht um. Du hast keine Ahnung, wer direkt hinter dir sitzt!«

Mit den Lippen formte er stumm den Namen »Anthony«. Ich erstarrte. Ganz langsam standen wir auf und gingen. Mir klopfte das Herz bis zum Hals. Er hatte nichts bemerkt.

Bis heute möchte ich ein persönliches Treffen vermeiden, da ich nicht weiß, wie es verlaufen würde. Ich habe viel zu oft erlebt, dass aus dem vernünftigen, vornehmen Mann von einer Sekunde auf die andere ein Ungeheuer wurde. Immer noch sitzen mir Anthonys Drohungen im Nacken: »Wenn du je wieder einen Fuß auf Ghanas Boden setzt, bist du tot.« Oder wie er mir angekündigt hatte, er würde mich gleich nach meiner Ankunft am Flughafen verhaften lassen. Inzwischen ist in Ghana wieder die Partei an der Macht, der seine Familie angehört. Anthony hatte mir am Telefon erzählt, dass er selbst zu alt sei, um einen Regierungsposten zu übernehmen, aber verschiedene seiner Neffen bekleideten Ministerposten. Daher bin ich froh, mit ihm gelegentlich am Telefon freundschaftlich zu plaudern. Ich freue mich, wenn er stolz auf meine Arbeit ist. Neulich sagte ich ihm:

»Es ist ja eigentlich deine Familie, die für Bukom zuständig ist. Siehst du, ich erledige also eure Aufgabe, wenn ich den Kindern helfe.« Das fand er gut.

Was geschehen ist, ist geschehen. Ich trage Anthony nichts nach. Zwar werde ich immer noch traurig, wenn ich daran denke, wie schön wir es miteinander hätten haben können. Aber es sollte nun einmal nicht so sein. Warum, das weiß Gott allein.

EUROPA UND AFRIKA: PLÄDOYER FÜR EINE GEMEINSAME ZUKUNFT

Durch mein Leben in zwei verschiedenen Welten, durch mein ständiges Hin und Her, durch das Vermitteln zwischen den unterschiedlichen Kulturkreisen gehen mir viele Gedanken durch den Kopf.

Ich wundere mich immer wieder, welches Bild viele Deutsche von Afrika haben. Auf der einen Seite übt dieser Kontinent auf die meisten eine enorme Anziehungskraft aus, auf der anderen Seite scheint Afrika für sie auf einem anderen Stern zu liegen. Afrika – das klingt nach Abenteuer und Wildnis, aber auch nach Armut und Krieg und Krankheit. »Da schlagen sich die Leute ständig gegenseitig die Köpfe ein!«, bekomme ich oft zu hören. Und: »Die sind doch alle korrupt, denen ist nicht zu helfen.« Eine gängige Meinung ist aber auch: »In Afrika, da hungern alle. Die kommen nie auf einen grünen Zweig.« Und vieles andere mehr.

Ich habe festgestellt, dass die Vorstellung vieler Europäer von Afrika ähnlich verrückt ist wie meine von Europa, bevor ich nach Deutschland gekommen war. In ein Land, in dem es meiner Meinung nach nur Hochhäuser statt Bäume gäbe, in dem die Sonne nie untergehen würde und Krankheiten ausgerottet wären. Afrika und Europa scheinen Lichtjahre voneinander entfernt, doch wenn ich erzähle, dass man von Düsseldorf aus in sechs Stunden in Accra ist, sind alle überrascht.

»Was? So nah ist das?«

Afrika und Europa sind nächste Nachbarn. Aber was genau heißt schon Afrika – jedes afrikanische Land ist anders und viele kann man überhaupt nicht miteinander vergleichen. Das wäre, als würde ein Afrikaner sagen: Ich weiß, wie es in Portugal zugeht, denn ich bin mal in Norwegen gewesen.

Ghana gilt als demokratischstes Land Afrikas. Hier herrscht ein gewisser Wohlstand und selbst die Armen sind besser gestellt als die Armen anderer afrikanischer Länder. Afrika ist riesig und doch tun viele Europäer so, als könne man alle Afrikaner über einen Kamm scheren. Dieser Kontinent geht sie überhaupt nichts an, scheinen sie zu denken. Dabei haben wir mehr gemeinsam, als sie vermuten. Wir sollten an einer gemeinsamen Zukunft bauen, denn Afrika braucht Hilfe – wenn auch nicht unbedingt die, die viele Europäer meinen. Dieser Kontinent ist auf Unterstützung angewiesen, hat aber auch viel zu geben. Andere Länder haben das bereits erkannt.

Mit Sorge sehe ich Chinas Engagement in Afrika. In Europa wird noch viel zu wenig wahrgenommen, wie sehr die Chinesen unsere Gesellschaften unterwandern. Gewieft erinnern sie die Afrikaner daran, was ihnen die Europäer während der Kolonialzeit angetan hätten. »Wir haben euch nichts getan«, pflegen sie dann zu sagen. »Wir bringen euch heute Geld.« Was sie dafür aber nehmen, davon sprechen sie nicht.

Kulturell liegen zwischen den Chinesen und den Afrikanern Welten, Europa ist uns viel näher. Einige Länder Europas blicken auf eine belastete Geschichte mit Afrika und halten sich darum in ihrem Engagement sehr zurück. Die Chinesen dagegen tun das nicht. Und ich frage mich besorgt, ob die Europäer nicht eines Tages aufwachen und feststellen werden, dass ihre Plätze in Afrika bereits von den Chinesen eingenommen worden sind.

Afrika und Europa sind Nachbarn, wir sollten uns wie solche verhalten.

Eine andere Herzensangelegenheit ist für mich die Art und Weise, wie in Europa mit Afrikanern, ja, mit Einwanderern ganz allgemein umgegangen wird. Viel zu häufig wird vergessen, dass diejenigen, die nach Deutschland kommen, nicht nur nehmen wollen, sondern auch etwas mitbringen, zum Beispiel Wissen, Bildung, Erfahrung. Meine Geschichte ist ein gutes Beispiel. Ich bin nicht als Ungelernte nach Deutschland gekommen und habe mein Abitur, zwei Jahre Wirtschaftsschule, ein Jahr Computerschule und ein wenig Berufserfahrung als Programmiererin vorweisen können. Aber davon wollte man hier überhaupt nichts wissen. Und wenn mir jemand zuhörte, dann dachte er wahrscheinlich: »Computer? Ah ja. Haben die so was in Afrika überhaupt?«

Ich kam aus Afrika, hatte schwarze Haut, weshalb für mich nur die einfachste Arbeit blieb, die es gab. Und das erleben viele Einwanderer, die aus einem Land kommen, das vermeintlich ärmer als Deutschland ist. Dabei entgeht der deutschen Gesellschaft so viel. Es wäre klüger zu fragen: »Und was bringst du mit?«

Denn oft braucht es ganz wenig, etwa einen Sprachkurs und eine Fortbildung, und schon kann die Gesellschaft von dem Gast profitieren. Wer sagt denn, dass die Lebenserfahrungen eines aus einem anderen Kulturkreis stammenden Menschen nicht auch für die deutsche Gesellschaft von Nutzen sein können?

Jedes Kind, das auf die Welt kommt, trägt ein Geschenk Gottes in sich, eine ganz besondere Gabe, die unter bestimmten Umständen die Welt verändern könnte. Und diese Gaben müssen entwickelt und gefördert werden. Die Menschheit kann es sich meiner Meinung nach nicht leisten, überall auf der Welt so viel Potenzial zu vergeuden. Und genau das tun wir, wenn wir es zulassen, dass Kinder in Armut geboren werden und nicht die Möglichkeit haben, aus ihren Veranlagungen etwas zu machen.

Immer wieder kann man beobachten: Gibt man einem Afrikaner eine Chance, dann macht er etwas daraus. Aber es ist wichtig, ihn als Partner zu sehen und nicht ständig als Bittsteller. Wenn wir alle auf gleicher Augenhöhe miteinander umgehen, ist viel für die Zukunft gewonnen. Doch leider sind wir davon noch weit entfernt.

Wir sollten uns nicht auf den ersten Blick gegenseitig in eine Schublade stecken, aus der wir womöglich nie wieder herauskommen, sondern uns die Möglichkeit geben, uns zu überraschen. Wie oft habe ich das erlebt: Da sitzt eine schwarze Klofrau und zählt ihre Münzen. Wer denkt denn schon, dass sie mit diesen Münzen ein Kinderhaus in Ghana finanziert? Erst als jemand nachgefragt hat, ist mein Projekt langsam an die Öffentlichkeit gekommen.

Woher wissen Sie eigentlich, was die irgendwie islamisch aussehende Putzfrau in Ihrer Firma macht, wenn sie Feierabend hat? Oder der südeuropäische Taxifahrer?

Das Leben ist so viel reicher, als wir es uns vorstellen können. Und sicher gibt es noch andere Menschen, die in mehreren Welten gleichzeitig zuhause sind und stets auf Messers Schneide leben, so wie ich.

IX. DANKSAGUNG

Allein hätte ich dieses große Projekt niemals realisieren können ...

Nicht ohne meinen Arbeitgeber, die Klaus Harren GmbH, der mehr als einmal eine Auge zugekniffen hat, wenn ich wegen *African Angel* zu spät zur Arbeit gekommen bin. Nicht ohne die Unterstützung der Kolleginnen und Kollegen auf der Messe Düsseldorf und nicht ohne meine großzügigen Chefs der Lokale »Einhorn« und »Les Halles«. Nicht ohne die vielen kleinen und großen Spenden meiner Stammkunden der Düsseldorfer Toiletten, ohne die *African Angel* nie aus den Startlöchern gekommen wäre. Und schon gar nicht ohne die wertvolle Arbeit des WDR Fernsehen, die das Projekt in ganz Europa bekanntgemacht hat.

Ich danke allen, ohne die dieses Buch nicht hätte entstehen können. Vor allem danke ich meinen Freunden und Mitstreitern von *African Angel*, die so viel Geduld mit mir hatten und immer noch haben. Ohne sie wäre das Projekt nie so gewachsen. Jedem Einzelnen möchte ich meinen Dank für sein persönliches Engagement aussprechen. Des weiteren möchte ich mich bei den Firmen Düsseldorf Kommunikation und Neue Medien (DKN) und Rosenbaum Computer Service Düsseldorf bedanken sowie bei Jan Einicke.

Meinem Sohn Bernard bin ich für sein Verständnis sehr

dankbar, das er mir entgegengebracht hat und hoffentlich auch in Zukunft entgegenbringen wird. Danke, dass du mich so lieben kannst, wie ich nun einmal bin.

Meinen Mitarbeitern des »African-Angel-Cottage« danke ich von ganzem Herzen dafür, dass sie die Kinder so gut und verantwortungsvoll betreuen. Ihretwegen kann ich in Deutschland nachts ruhig schlafen.

Schließlich möchte ich auch den Eltern, Brüdern und Schwestern unserer Bukom-Kinder für ihr Vertrauen meine tiefe Dankbarkeit aussprechen. Ohne ihren Rückhalt wäre das Projekt gescheitert.

Mein Dank geht auch an die Presbyterian Church of Ghana Hope Congregation, Sakumono Estatel, deren Gemeindemitglieder die Kinder, die Frauen und mich in Ghana von Anfang an bis heute sehr unterstützt haben.

Zuletzt mein wichtigster Dank:

Niemand wird einfach so in diese Welt hineingeboren – für jeden gibt es einen Plan. Diesem stellen sich immer wieder Hindernisse in den Weg, sei es in Form von zweifelnden Menschen, Krankheiten, Prüfungen und Versuchungen aller Art. Wie kann ich dennoch den für mich vorgesehenen Lebensplan realisieren? Dafür hat uns Gott eine Art »Gebrauchsanweisung« auf unseren Weg mitgegeben. Glaube und folge ich dieser Anleitung, dann finde ich darin die Ideen und die Klugheit, um eine bessere und friedlichere Welt zu schaffen. Das ist das Ziel des Plans, denn auf der Erde sind wir Seine Botschafter. So geht mein größter Dank auch an Gott und seine »Anleitung« für den Umgang mit und in dieser Welt: die Bibel!

Endlich! Die Fortsetzung des Bestsellers

MIT DER LIEBE EINER LÖWIN

Christina Hachfeld-Tapukai
DER HIMMEL ÜBER
MARALAL
Mein Leben als Frau eines
Samburu-Kriegers
ca. 480 Seiten
ISBN 978-3-431-03802-6

Nach ihrer Versöhnung mit Lpetati erwarten Christina neue Herausforderungen bei den Samburu: Täglich bewältigt sie die Gratwanderung zwischen alten Stammesritualen und ihrem westlichen Denken neu. Sie liebt die Gefahren, Entbehrungen, fremdartigen Traditionen, ist tief verbunden mit ihrer afrikanischen Familie – und erliegt immer wieder dem unvorstellbaren Zauber dieser Welt.

Schritt für Schritt verschafft sie sich Respekt im Stamm der Samburu, und mit Lpetati verbindet sie eine tiefe Liebe. Doch wird es ihr gelingen, ihre Ziehtöchter vor der grausamen Tradition der Beschneidung zu schützen?

Ehrenwirth

Eine Freundschaft, die so stark ist, dass Kontinente und Kriege sie nicht zerbrechen

Michael Jentzsch/
Benjamin Kwato Zahn
BLUTSBRÜDER
Unsere Freundschaft in Liberia
Erfahrungen
304 Seiten
Mit 8 Seiten
farbigem Bildtafelteil
ISBN 978-3-404-61656-5

Liberia soll seine neue Heimat sein. Was erwartet den acht-
jährigen Michael in dem fremden Land, wo seine Eltern als
Missionare arbeiten? Kurz nach seiner Ankunft trifft er den
afrikanischen Jungen Ben. Auf Anhieb verstehen sie sich blind.
Als der Bürgerkrieg ausbricht, muss Michael zurück nach
Deutschland.

Was geschieht mit dieser einzigartigen Freundschaft, wenn
einer sicher aufwächst – und der andere mit ansehen muss, wie
die eigene Familie grausam ermordet wird?

Bastei Lübbe Taschenbuch